弃長安

LOST CHANG'AN

张明扬 著

天地出版社 | TIANDI PRESS

对这一代人来说,以前的一切豪言壮语都一笔勾销了。

——D.H. 劳伦斯

目 录

楔　子　出长安记（天宝十五载六月十三）//001

第一章　李林甫的盛世（开元二十四年至天宝十一载）//023

第二章　杨国忠的预言（天宝十二载至天宝十四载）//065

第三章　安禄山的鼙鼓（天宝十四载十一月初九）//105

第四章　颜杲卿的舌头（天宝十五载正月初八）//127

第五章　哥舒翰的膝盖（天宝十五载六月初八）//149

第六章　杨玉环的香囊（天宝十五载六月十四）//175

第七章　李亨的中兴（至德元载七月十二）//199

第八章　张巡的牙齿（至德二载十月初九）//233

尾　声　回到长安（至德二载十二月初四）//271

大事年表 //300

后　记 //304

主要参考书目 //307

楔子

出长安记

（天宝十五载六月十三）

一

李隆基仓皇离开长安，是天宝十五载（756）六月十三日黎明，天刚蒙蒙亮，细雨笼罩着都城。

李隆基走得匆匆，随行只带走了贵妃姐妹、嫔妃、皇子、皇孙、杨国忠、韦见素、魏方进、陈玄礼、高力士，以及亲近的宦官、宫女。至于那些没被通知的宗室贵戚和重臣，就这样被遗弃在长安。

就在几天前，弃长安还不在李隆基的选项之中。这位尘世的至尊，盛世的缔造者，执掌唐帝国长达四十四年，之前他的帝王生涯可谓一路平顺。即便在天宝十四载（755）十一月安禄山起兵的消息传来时，李隆基君臣上下也是一派"不过旬日，必传首诣行在"的超现实乐观。其后虽然又遭遇了洛阳失守的噩耗，但李隆基还有他寄予厚望的名将哥舒翰，大唐谁不知"北斗七星高，哥舒夜带刀"，更何况，还有潼关天险和二十万大军。

然而，就在平叛形势看似一片大好之时，天宝十五载六月初八，带病御敌的哥舒翰在灵宝西原之战中意外惨败，二十万大军几近全军覆没。六月初九晚，潼关落入叛军之手，长安失去了最重要的军事屏障。

潼关失守当晚，李隆基在长安没有等到"平安火"，也就是潼关前线传来的报平安烽火，业已知道大势不妙。他维持了半年多，在任何挫折下都可以自洽的现实扭曲力场，终于在这一晚轰然崩坍。

六月十日，李隆基在长安城东边的兴庆宫召见了右相杨国忠，杨国忠首次提出了"幸蜀之策"，得到了李隆基的首肯。幸蜀是杨国忠的主意，蜀地也是杨国忠刻意经营的势力范围，这都没错，但李隆基此时很可能已决定弃长安而去，不过他自己不方便提，他需要的正是杨国忠精准地揣摩上意，以及提供具体逃亡路线。

六月十一日，杨国忠召集百官于朝堂，正式通报了潼关失守的败讯，让群臣出主意。百官被急转直下的军情吓得惊慌失色，相顾垂泪，问起应对之策，皆唯唯不对。此刻，只有监察御史、跟随哥舒翰守潼关的大诗人高适站了出来，建议立即实行紧急动员，动用宫廷最后的钱财储藏，招募长安城中敢死之士、官员府中的家丁子弟，死守长安，"未为晚"。高适的建议虽然在军事上未必有可行性，但这却是长安朝堂中独一无二的勇气。惶遽的百官纷纷反对，却计无所出。自安禄山起兵以来就唱各种军事高调的杨国忠，此时先否决了高适的长安保卫战提议，沮丧溢于言表地说："兵已入关，事不及矣。"继而抽泣着推诿责任："我们很多人十年前就开始反复预言安禄山必反，但陛下就是置若罔闻，今

004　　弃长安

日之祸，绝非我这个宰相之过。"

高适保卫长安的建议有没有现实操作性？如果李隆基不走，长安能否守得住？

从当时唐军和叛军的实力对比来看，长安有希望守住，但李隆基多少要冒"君王死社稷"的风险。叛军名将崔乾祐虽在灵宝西原之战击败哥舒翰，占领了潼关，但实际上兵力有限，可能就只有两三万人；在河北战场上，郭子仪、李光弼出井陉（今河北省石家庄市井陉县），颜真卿守平原（今山东省德州市平原县），这两支军队活跃在安禄山大后方，牵制了大股叛军兵力，郭李组合又刚刚在嘉山（今河北省保定市曲阳县）之战中大败史思明，斩首四万级；在中原战场上，张巡坚守雍丘（今河南省开封市杞县），鲁炅固守南阳（今河南省南阳市），叛军久攻不下；安禄山自定都洛阳后，基本上就停止了亲自征战，还需要大量兵力拱卫都城；安禄山看似攻城略地，但战线过长，对占领区基本只构成点与线的弱势支配，连在河北大本营都没有形成面的控制，兵力分布更接近脆弱的一字长蛇阵……这些因素都决定了叛军短期内无力对长安进行大规模进攻。

如果单论兵力，李隆基随时可以在长安和关中地区临时征集数万军队，但唐军保卫长安最大的弱项还是募兵缺乏训练和实战经验，无力招架安禄山的百战精兵。不过，时间站在李隆基这一边，有了足够的时间，临时募兵可以得到训练；更重要的是，西北边军正在源源不断地入京勤王。事实上，长安失守仅四个月后，唐肃宗李亨就委派宰相房琯组织了规模浩大的反攻长安之战，反击纵然失利，但已然证明了唐军元气恢复之速。

也就是说，只要叛军一开始没有凝聚足够的战略决心，集中主力对长安进行大规模进攻，拿下长安的时间窗口将很快关闭。而安禄山称帝后进取心骤降，倾全力进攻长安并不是一个易于做出的决策。而唐军在挺过初期的不利态势之后，随着募兵的成长和勤王边军的抵达，成功守住长安的可能性将与日俱增。李隆基需要的是时间、勇气和运气。

但这些站在高适角度的沙盘推演都没太大意义，显而易见的是，杨国忠以下的百官已丧失了固守长安的所有勇气。不过，此时谁也不愿意承担放弃都城这个重大的政治责任，当天的会议也莫衷一是，未达成任何具体的方案。最关键的是，李隆基也绝不愿冒为社稷而死的风险，毕竟，他为了保命，连逃出长安都操作得那么匆促和暧昧。

很快，潼关失守的消息就从朝堂传遍全城，长安鼎沸，士民掠扰奔走，却不知何去何从，繁华的世界之都在几个时辰内就变得萧条凋敝。危急关头，杨国忠及百官极度缺乏担当的政治态度不仅恶化了局势，更是令人心无可依靠。

杨国忠罢朝后，回到位于宣阳坊的家，找到韩国夫人、虢国夫人姐妹，让她们入宫劝说李隆基从速弃长安幸蜀。

六月十二日，李隆基来到兴庆宫中的勤政楼，向百官宣布亲征，但此时既无"百官"，更无"亲征"：百官朝者十无一二，都在忙着找自家的出路，而到这时候，在场官员谁还会相信李隆基的漂亮话？

百官无人轻信亲征的话术，李隆基可能也没那么在乎，他成功掩饰了自己即刻逃逸的意图，从百官到长安城的居民，没有多少人会想到自己的皇帝会跑得如此之快。

宣布亲征的当天下午，李隆基就从兴庆宫移驾"北内"。"北内"位于汉代未央宫的旧址，在唐代宫城外的西北方。当天夜里，李隆基又特命龙武大将军陈玄礼秘密整顿禁军，厚赐钱帛，挑选了良马九百余匹，做好了弃长安的一切准备。

第二天一早，在数千禁军的护卫之下，李隆基一众秘密从禁苑西门延秋门离开，向着渭水便桥行进。途中，杨国忠建议烧毁长安用来储藏钱帛的左藏库，李隆基或许对捐弃长安百姓有些歉疚，叫停了火烧左藏库，理由是"叛军如果得不到这笔钱，一定会对长安百姓横征暴敛，倒不如就把左藏库留给叛军，以免百姓受苦"。

天刚亮，李隆基一行就渡过了便桥。为阻叛军追击，杨国忠下令烧桥，李隆基叹息说："士庶各避贼求生，奈何绝其路！"特地派高力士殿后灭火。

就事论事，杨国忠这两件事做得并无大错，当然李隆基本着人道主义或愧疚的劝阻更没有错，不必刻意弄成什么善恶互现。

此时，绝大多数人还不知道李隆基逃遁的消息。一早，还有不少大臣依旧到兴庆宫来上朝，在宫门口，他们还听得到计时的更漏声，卫兵也仪仗俨然。但等到宫门开启，内宫里的人四散奔逃，被撇下的大臣们才知道皇帝已经不在兴庆宫。顿时，宫中哗然，继而整个长安城陷入自相惊扰的狂乱中，"王公、士民四出逃窜，山谷细民争入宫禁及王公第舍，盗取金宝"。又有人趁乱焚烧城中府库，留守的崔光远和边令诚一边组织救火，一边派人武装维持城中治安，一口气杀了十几个人，长安城才稍稍恢复了一些秩序。

此时叛军还远在潼关观望，不敢贸然进军长安，但长安城已未战先乱。

辰时（上午七点至九点），逃亡队伍来到了位于咸阳的行宫望贤宫。咸阳县令不知去向，没有任何官吏出来接驾，直到中午，困蹙的李隆基一行都没吃上饭，还是杨国忠到市集上买了几个胡饼才让李隆基有饭可吃。当地老百姓也献上了一些他们平日吃的粗砺食物，多少会有些难以下咽，但饿坏的皇孙们却争抢着用手捧着吃，"须臾而尽，犹未能饱"。据说一些随行官员还被迫宰杀马匹充饥，砍伐行宫树木煮食马肉。唐人笔记《安禄山事迹》甚至营造了一个过于耸动的极端场景：李隆基坐在树下休息时，突然产生了自杀的念头，也就是所谓的"有弃海内之思"，高力士觉察后，抱着李隆基的脚痛哭，这才打消了他轻生的闪念。

目睹逃亡路上的种种不堪，李隆基当着老百姓掩面而泣，有英雄失路、托足无门之悲。此时，有一个叫郭从谨的老人家进言说："安禄山包藏祸心也不是一天了，但陛下就是视若无睹，还杀掉那些指证安禄山的忠臣。我还记得当年宋璟为宰相时，数进直言，天下赖以太平。而这些年，大臣们不说真话，只知道迎合陛下，阿谀奉承，因此陛下对宫廷外发生的事一无所知。言路不通之时，我就知道必会有今天这样的大乱，但我这样的草野之臣的忧虑又怎么能传到陛下耳中呢？事不至此，我又哪里有机会当面向陛下说这些逆耳忠言呢？"

如此痛切的批评，沉溺在盛世君王人设中的李隆基已经太多年没有机会听到。不知是真心痛悔，还是装作接纳谏言，李隆基对老人家说："此朕之不明，悔无所及！"无论如何，一个帝王，落难时分能放低姿态已经实属难得了。

未时（下午一点至三点），李隆基一行多少吃了些东西，禁军也在附近村落中弄到了些吃的，逃亡队伍便继续前进，一直行进到半夜，抵达金城县（今陕西省兴平市）。金城县令也像咸阳县令一样早已溜之大吉，县民也跑得所剩无几，好在留下来一些食物，士卒们总算没饿着。

逃走的不光是当地人，这才一天，幸蜀团就偷偷溜走不少人，尤其让李隆基愕然的是，内侍监袁思艺竟也一走了之，他在品级上与高力士平级，受到的倚重信任也仅次于高力士。驿站中没有灯火，众人枕藉而睡，再也没有谁去分什么高低贵贱，所有人都一样的困顿，同样的累累若丧家之犬。

一直到这天晚上，李隆基才听说了哥舒翰四天前被俘的消息，报信的是刚从潼关脱险的将军王思礼。于是李隆基任命他接任哥舒翰的河西和陇右两大节度使，敦促他立刻赴任，收罗散兵，准备东进征讨叛军。

这就是李隆基逃亡的第一天，除了泪水与慌乱，一路看上去也挺正常，没有大的事件发生。然而，一个潜在的巨大风险正在酝酿：逃亡队伍没带什么吃食，这一路全然指望沿路官府接驾供应，在咸阳和金城两县，食物供应已经开始意外频出，所幸有惊无险，但前路一旦出现更大的供给意外，就随时可能引发断粮危机。断粮，对于一支正在流亡的队伍而言，心理上的压力几乎是摧毁性的。

下一站，马嵬驿。

二

攻陷潼关后，安禄山没有想到李隆基会跑得这么快，出于谨慎，他还传令刚刚击败哥舒翰的崔乾祐止兵潼关。这样拖了十天，六月十九日才派遣爱将孙孝哲带兵进入长安。

孙孝哲在叛军中以"果于杀戮"闻名，一入长安就大开杀戒。安史之乱爆发后，李隆基杀掉安禄山质于长安的长子安庆宗泄愤。为了给儿子报仇，安禄山指使孙孝哲血洗李唐宗室。孙孝哲专挑李隆基的近亲下手，在崇仁坊集体屠杀了王妃、驸马、郡主、皇孙不计其数，其中还有李隆基的妹妹霍国长公主。杨国忠的二儿子杨昢是李隆基的驸马，时任主管外事接待的鸿胪卿，很可能也死在了屠戮中。孙孝哲还在城中搜捕、杀戮杨国忠和高力士的亲信、安禄山的宿敌八十三人。对那些追随李隆基流亡的大臣，更是干脆"诛灭其宗"，连襁褓中的婴儿都不放过。最残忍的是，孙孝哲在杀戮时采用了"刳其心"和"铁棓揭其脑盖"这两种方式。在大清洗的这段时间里，长安城提前体会了韦庄在《秦妇吟》中用来描写黄巢之乱的名句——"天街踏尽公卿骨"。

安禄山除了要命，还要钱。叛军入城前，长安各大府库和权贵大宅已经被乱民趁乱抢劫过一波，甚至还有人骑驴恣意闯入皇宫大殿，连李隆基特别保护下来的左藏库也差点被付之一炬。安禄山对此极为不满，视作自己的钱被抢了，便下令孙孝哲以搜寻被盗财物为名，派兵大肆搜捕长安城三天，抢掠民间钱物无数。长安骚乱，再遇大劫。

1970年，西安市南郊何家村发现了文物一千多件，分别埋藏在两个大陶瓮和一个银罐之中。在长安城旧址发现这么集中、丰富的唐代金银器宝藏，还是第一次，也是迄今唯一的一次。有一种与安史之乱有关的说法是，何家村遗宝正是埋藏于安史之乱时。当时，李隆基出逃后，邠王府上下也仓猝外逃，走之前将不及携带的宝物埋于地下，一千多年后才重见天日。

安禄山对长安并无特别兴趣，他定都洛阳后就几乎再也没有挪过窝。他下令在长安缉捕百官、宦官和宫女等人，每获数百人，就让军队押送至洛阳。

除了血洗长安，安禄山建在洛阳的大燕朝廷，倒是对"识时务"的唐朝旧臣敞开怀抱欢迎，"自余朝士皆授以官"。留守长安的京兆尹崔光远和掌管宫闱钥匙的边令诚，等李隆基刚一出京就各自派人联络安禄山，开门纳贼，崔光远更是被安禄山看中，以原职留任。

投降安禄山的还有前宰相张说的两个儿子——张均和张垍，他们都是李隆基的亲信，张垍还是皇帝女婿。李隆基逃亡时没来得及捎上他们，高力士还预测这俩兄弟一定是最先追上御驾的大臣，但后来才知道，张均、张垍兄弟起初和刑部侍郎房琯约好一起追赶流亡朝廷，但中途变卦，滞留长安。张均和张垍都得到了安禄山的重用，其中张垍更是摘取了他梦寐以求的宰相之位。如果不是杨国忠从中作梗，张垍在天宝朝差点儿当上宰相，这个心结最终变成了叛唐之心。

曾在天宝朝入相七年的陈希烈也当上了安禄山的宰相。陈左相两年前（天宝十三载，754）的去职是情非得已，同样是受到了杨国忠的倾轧，罢相后怏怏不乐。现在重回相位，尽管是从大唐改换门庭到了大燕，但宰相就是宰相，陈希烈欣然就任。

仅用贪生怕死来定义陈希烈和张垍，很可能是小觑了他们，也过度简化了人性。他们转投安禄山，很可能也是寄托了自己的仕途野心。他们不仅怨恨李隆基和杨国忠，更想在安禄山这里重启他们失意的宦途。当然，他们也认为大燕朝才代表了未来。

早于陈希烈和张垍几个月，达奚珣就当上了安禄山的宰相。洛阳失守时，时任河南尹的达奚珣就被迫投降了安禄山，安禄山称帝时，达奚珣就成了大燕朝的第一任宰相。安禄山甚至拿出了点儿不念旧恶的胸怀——达奚珣曾在安史之乱前夜揭穿过他的起兵布局。

这三位失节宰相加起来，可能都没王维的陷伪更有争议。

五十六岁的王维在长安被俘时，只是一个中层官员吏部给事中而已。可能是为了避免就任伪职，王维曾"服药取痢"，假装自己失声不能言。但王维委实是诗名过盛，隐隐有盛唐"诗坛第一人"的气象，安禄山专门派人将他接到洛阳，拘于普施寺，不知道是用了什么强力手段，总之还是逼迫王维落水做了大燕朝的官，继续做给事中。

安禄山酷爱歌舞，自己也是胡旋舞的高手。他将数百名长安乐工，以及乐器、舞衣，连同舞马、犀、象都运到了洛阳。在安禄山于凝碧池举行的一次大型酒宴上,当旧日唐宫音乐响起,梨园旧人唏嘘不已,相对泣下。有一名叫雷海青的乐工悲不自胜,摔碎乐器拒演,西向长安方向恸哭不已,以示不忘旧主。安禄山怒不可遏,令军士将雷海青绑在宫殿柱子上,肢解示众,闻者莫不伤痛。

拘禁中的王维也听说了这件事,有可能是好友裴迪探监时转述的。王维在悲愤中表明了心迹:

万户伤心生野烟,百僚何日更朝天。
秋槐叶落空宫里,凝碧池头奏管弦。

——《凝碧池》

仅过了一年多,当唐军光复洛阳后,王维作为陷伪"贰臣",本要遭到远贬的重惩,但《凝碧池》中的故国之思却成为王维的减罪证据,让他逃过了此劫。不过,也有人怀疑,《凝碧池》一诗是王维和裴迪事后伪造出来的,为的就是过失节这一关。[1]

除了《凝碧池》以外,王维这次可以涉险过关,更靠的是弟弟王缙"削己刑部侍郎以赎兄罪",王缙曾出现在王维那首著名的

---

[1] 参见[美]宇文所安《盛唐诗》,贾晋华译,生活·读书·新知三联书店,2014年3月第一版,41页。

《九月九日忆山东兄弟》一诗中。当然，像王维这类位阶不高的文臣，在战乱中不过是随世浮沉，对安史政权也没什么"贡献"，与陈希烈和张垍这样的宰相级降臣又岂是一回事？①

王维被拘时，杜甫很可能也成了叛军的俘虏。潼关失守后，杜甫先是将家人安顿在鄜州（今陕西省延安市富县），然后只身去寻觅李亨的流亡朝廷，不料途中意外遭遇叛军，被俘押往长安。杜甫不仅官阶很低，而且此时的诗名远不能和王维相比，因此并不被叛军所重视，没有被押往洛阳，而是作为普通俘虏留在了长安，看管也说不上严格，可能算是半拘禁状态。②

杜甫在此期间拘于长安的证据之一是，他在长安写过一首思亲之诗：

> 今夜鄜州月，闺中只独看。
> 遥怜小儿女，未解忆长安。
> 香雾云鬟湿，清辉玉臂寒。
> 何时倚虚幌，双照泪痕干。
>
> ——《月夜》

---

① 参见仇鹿鸣《长安与河北之间——中晚唐的政治与文化》，北京师范大学出版社，2018年11月第一版，60页。

② 参见洪业《杜甫：中国最伟大的诗人》，曾祥波译，上海古籍出版社，2020年5月第一版，127页。

在长安，杜甫还碰见了一名刀口余生的李唐宗室，这个年轻贵胄在叛军的追捕中东躲西藏了一百余天。当然，这也不排除是杜甫在《哀王孙》一诗中的艺术虚构："长安城头头白乌，夜飞延秋门上呼……腰下宝玦青珊瑚，可怜王孙泣路隅。问之不肯道姓名，但道困苦乞为奴。已经百日窜荆棘，身上无有完肌肤……"

三

盛世戛然而止于安禄山起兵那天：天宝十四载（755）十一月初九。

但对于长安这座城市和生长于斯的上百万居民而言，盛世完结于天宝十五载六月十三日，他们的皇帝在这一天弃城而去。

长安在古代世界的最后华彩，也定格在这一天。这是汉高祖的长安，汉文帝的长安，隋文帝的长安，唐太宗的长安；文景之治的长安，开皇之治的长安，贞观之治的长安，以及，开元盛世的长安。

从弃长安这一天起，长安再也回不到世界之都的地位，也再不是任何一个盛世的主角。

在天宝十五载六月十三日之前，长安是什么？

长安首先是一个空间概念，是唐帝国的都城，因为唐帝国是世界帝国，又成为世界之都；但长安又是一个时间概念，长安就是盛世，盛世就是长安，中国帝制时代的三大盛世有两个植根于长安。

盛唐的名字就叫长安。

盛唐的长安城，肇始于隋文帝时代。杨坚决定定都长安后，发现汉长安城屡经丧乱，残破日久，便"自汉长安故城东南移二十里置新都"，这里"川原秀丽，卉物滋阜"。杨坚令太子左庶子宇文恺主持营建，将新都命名为"大兴城"，仅用了一年时间就初具规模。

到了盛唐时代，这座已易名回"长安"的都城，已经是当时世界规模最大的一座城市，可能还创下了人类古代社会的城市规模之最。唐长安城占地约84平方公里，不仅超过了汉长安（36平方公里）、北魏洛阳（54平方公里）、明清北京（62平方公里），更是远远超越了古代西方大都会罗马（20平方公里）、君士坦丁堡（14平方公里）。[1]

长安人口则更有争议性一些，按照最通行的说法是百万人口，严耕望先生估计长安人口总数一百七十万至一百八十万，考虑到中古时代的城市容纳力，五十万到六十万的说法也自成逻辑。[2] 无

---

[1] 参见王南《梦回唐朝》，新星出版社，2018年9月第一版，5页。
[2] 参见严耕望《唐长安人口数量之估测》，《第二届唐代文化研讨会论文集》，1995年版。

论长安有无百万人口，"长安城的非生产性人口非常多，是一座头大身子小、基础很不稳定的城市"。[1] 这可能是一个更为重要的背景，其无法自足的城市特性，决定了孤立意义上的保卫长安从来就是凌虚蹈空，也暗示着即使在盛世，长安的脆弱性也是与生俱来的。

长安城由北及南，由宫城、皇城和外郭城三部分组成。宫城居于长安城中央的最北部，最早的太极宫称作"西内"，李世民在城外东北隅修建的大明宫被称作"东内"。李隆基即位后，又将自己位于东市东北角的藩王潜邸扩建为兴庆宫，紧贴东面的外郭城城墙，自开元十六年（728）正月起正式成为玄宗时代的大唐政治中心，号称"南内"。兴庆宫最有名的建筑是开元年间修建的花萼相辉楼与勤政务本楼，特别是花萼相辉楼，号称"天下第一名楼"。

在玄宗时代之前，唐代的东宫是一个真实的物理存在，位于太极宫的东部但又独立于太极宫，是皇太子政治特权的象征。但李隆基即位后改变旧制，令太子不居东宫，天宝年间的李亨居所实际上并非符合原来规格的独立建筑群，而是居于"乘舆所幸之别院"，也就是兴庆宫的一角。[2] 太子的"去东宫化"，实质上就表

---

[1] 参见[日]气贺泽保规《绚烂的世界帝国：隋唐时代》，石晓军译，广西师范大学出版社，2014年1月第一版，248页。

[2] 参见任士英《唐代玄宗肃宗之际的中枢政局》，社会科学文献出版社，2003年12月第一版，30页。

明李亨在天宝朝逼仄局促的生存状态,而东宫的崛起与突围,则成为安史之乱后大唐政局丕变的一大主题。

长安城最大的特点就是所谓的"里坊制"。整座城市被纵横交错的街道划分为一百多个长方形的街区,称作"里坊",被白居易形容为"百千家似围棋局,十二街如种菜畦"。城中最重要的一条道路是南北向的中央大街——朱雀大街,据说宽达一百五十五米,纵贯全城,当时也称天街,是全城的中轴线。

整个长安城共计一百零八坊:东西十二横街、南北九纵街将全城划分为一百三十个网格,宫城和皇城占据了中央北端的十六格,商业中心东市和西市各占了两格,那么只剩下了一百一十格,这就是初唐的一百一十个里坊。李隆基即位后,在开元年间用兴庆坊等两坊之地建兴庆宫,故长安在盛唐时代共剩余一百零八坊。长安一百零八坊,"实际犹如大城内的一百零八座小城",官员贵戚宅邸、普通居民住宅、各宗教寺观、官府衙署、酒肆旅店,都分布在里坊之中,里坊就是长安的精华所在。[①]

长安的里坊被两三米高的夯土墙所环绕,数十万居民被固定在坊内封闭的空间里,并被禁止破坏坊墙。长安对坊的管理统一以鼓声为准,坊门定时开启和关闭,由保管钥匙的坊正负责。对此,李贺在诗中有传神的表达,"晓声隆隆催转日,暮声隆隆呼月

[①] 参见王南《梦回唐朝》,新星出版社,2018年9月第一版,15—16页。

出"。早上五更二点自宫内"晓鼓"声起，坊门开启，鼓要敲到天亮为止；每晚鼓声敲响，坊门关闭，不许出入。全城实行严格的宵禁制度，大街上有金吾卫巡逻，坊门关闭后还在街上游荡的人被称作"犯夜者"，要受到"笞二十"的惩罚，即便是官员也不例外，更曾有宦官酒醉犯夜被当场杖毙。因此，长安每晚敲鼓后即空空荡荡，出现了"六街鼓绝尘埃息"的景象。[1]

盛唐时代的很多历史场景，都多少和这一百零八坊有些关系。李林甫住在紧邻皇城东南角的平康坊，这可能是长安最繁华的一个坊，昼夜喧呼，灯火不绝。这里还是长安烟花极盛之地，李白等盛唐诗人和科举士子流连于花街，与歌妓同销万古愁。

杨国忠住在北邻平康坊的宣阳坊，号称"栋宇之盛，两都莫比"。杨国忠宅紧挨着虢国夫人的宅子，两人昼夜往来，同进同出，道路为之掩目。每次随驾华清宫，杨家人总是先在杨国忠宅会合，出行时，杨氏五家人各穿一种颜色的衣服以相互区别，五家合队，灿若云锦。除了杨家，宣阳坊还住着曾有"军神"之誉的高仙芝，他在天宝十载（751）的怛罗斯之败后，黯然返回长安，安史之乱初期为李隆基再度起用，却被冤杀于潼关前线。

安禄山是杨国忠的邻居，他的宅子位于北接宣阳坊的亲仁坊。天宝十载，李隆基为笼络安禄山，出御库钱给他在亲仁坊修了一

---

[1] 参见齐东方《魏晋隋唐城市里坊制度》，收于《唐研究》第九卷，77页。

座新宅，敕令"但穷壮丽，不限财力"，建成后号称"穷极华丽""宛如天造"。宅子里的器物据说比宫廷御用品还要奢华，李隆基专门嘱咐办事的太监要出手大方："胡人花钱的眼界高，别让安禄山笑话朕小气。"亲仁坊还曾是唐睿宗李旦的潜邸所在地，但最巧的是，安史之乱平定后，平叛最大功臣郭子仪的宅子也建在亲仁坊，大到"家人三千，相出入者不知其居"，这似乎构成了安禄山与郭子仪一去一来的历史隐喻。

西军名将哥舒翰住在长安城东南门延兴门内的新昌坊。安史之乱爆发后，在新昌坊养病的哥舒翰被李隆基紧急召见，走上了守潼关的不归路。在新昌坊和西南边的升平坊一带，有一片隆起的高地就是乐游原，这里是长安城内的制高点，为登高览胜最佳地。李商隐曾有诗"向晚意不适，驱车登古原。夕阳无限好，只是近黄昏"，诗中"古原"即乐游原；李白也曾有诗"乐游原上清秋节，咸阳古道音尘绝"。

慈恩寺建在东南偏南的晋昌坊中，天宝十一载（752）秋，杜甫、岑参、高适、储光羲与薛据五位诗人同登慈恩寺塔，也就是今天的大雁塔，一人作一首登临诗——这可能是盛唐诗坛最瑰丽的群英会，也是天下鼎沸前的最后一次诗坛盛事。

盛唐的官绅勋戚除了在长安城内占有豪华的宅院以外，不少人还在城外近郊的风景秀丽处建有别墅，"别墅最集中的地方是城南沿樊川一线，其次在城东灞、浐两河附近以及蓝田附近的辋川也比较集中"[①]。樊川最著名之地是号称樊川八大寺之首的兴教寺，玄奘大师舍利塔栖灵于此；辋川绝佳处是作为中国文人精神圣地之一的王维别居，王维与至友裴迪在辋川山谷中写下了《辋川集》二十首。

没有人的别居比李隆基的更华丽。长安城以东约六十里处，是倚骊山、面渭水而建的华清宫（原名温泉宫）。从开元初年到天宝十四载（755），李隆基几乎每年十月都要到华清宫游幸，岁尽始还长安兴庆宫，王建有诗云"十月一日天子来，青绳御路无尘埃"（《温泉宫行》）。据说李隆基在位四十四年，行幸华清宫四十次左右。

李隆基与杨玉环定情于华清宫，正是在李杨恋的照映下，华清宫在天宝年间愈加成为大唐的第二政治中心，说是盛唐"冬宫"也不为过。天宝十四载十一月十五日，李隆基正是在华清宫的温泉水中听闻了安禄山起兵的鼙鼓声。

长安的盛世，终结于天宝十五载（756）六月十三日，李隆基的出长安日。

但若往前追溯，可能要一直回溯至开元二十四年（736）十一月，那个叫张九龄的岭南人被罢相时。

这是一个经典的丘吉尔式情境："这不是一个结束，这甚至不是一个结束的开始，这至多只能算是一个开始的结束。"

---

① 参见辛德勇《旧史舆地文录》，中华书局，2013年4月第一版，741页。

弃长安

第一章
李林甫的盛世
（开元二十四年至天宝十一载）

开元二十四年（736）十一月，大唐首席宰相张九龄被罢相，李林甫接位，大唐政治进入了长达十六年的李林甫时代。自中唐以来就有一种流行的说法是，张九龄罢相是大唐由盛转衰的转折点，为安史之乱埋下了祸根，而李林甫则被塑造为盛唐的最初终结者。①

唐玄宗李隆基在位四十四年，共任用宰相二十六人，几乎成为开元盛世代言人的姚崇和宋璟这两位拜相时间加起来也不过六年三个月，还不到开元盛世总计二十九年的四分之一。② 李林甫自开元二十二年（734）五月入相，为相的时间近十九年，居首辅之位则为十六年，而与李林甫同获奸相之称的杨国忠只当了三年八个月的宰相。

"开元盛世"的定义虽深入人心，但广义上的玄宗盛世一直延续到天宝十四载安禄山起兵时，若不带偏见，称之为"开天盛世"

---

① 宰相崔群在与唐宪宗答问时说，"人皆以天宝十四年安禄山反为乱之始，臣独以为开元二十四年罢张九龄相，专任李林甫，此理乱之所分也"，事见《资治通鉴》。

② 参见黄永年《唐玄宗朝姚宋李杨诸宰相的真实面貌》，《中国史研究》2003年第2期。

第一章 李林甫的盛世（开元二十四年至天宝十一载）

更为公允。在这四十多年的盛世里，李林甫才是那个执政时间最长、真正意义上的盛世宰相。

一

开元二十二年（734）五月拜相时，李林甫在三个宰相的序列中排行最末，前两个是张九龄与裴耀卿。

在玄宗朝，李隆基对朝政的把控主要是通过拜相、换相来实现。那么，号称玄宗朝最后一个贤相的张九龄是如何失去了李隆基的信任与恩宠，而让李林甫借机上位的呢？

毕竟，李隆基曾经是那么倾慕张九龄，《开元天宝遗事》中就记录了两个段子：李隆基艳羡张九龄的文才，称他为"文场之元帅"，"朕终身师之，不得其一二"；李隆基还被张九龄的风姿和气宇所吸引，"朕每见九龄，使我精神顿生"。

甚至张九龄罢相后，每逢荐引公卿的场合，李隆基必问："风度得如九龄否？"

司马光在《资治通鉴》中营造了一个"李林甫蓄谋已久"的历史情境。据说李隆基在任命李林甫为相之前，曾问过张九龄的意见，张九龄劝阻说："宰相系国安危，陛下相林甫，臣恐异日为庙社之忧。"李林甫知道后怀恨在心，时时找机会中伤张九龄，导致李隆基亲林甫远九龄，最终引发了安史之乱。

但司马光这一"亲小人远贤臣"的范式可能过于道德化了，有学者认为，张九龄劝阻李隆基一事或许就是子虚乌有，李林甫一直暗中中伤张九龄也是不实之语，张李二人的矛盾也被后世夸大了，两人的关系至少在开元二十四年上半年，都是"比较融洽"的。①

那么，开元二十四年，也就是张九龄罢相这一年，究竟发生了什么？

最重要的不是李林甫和张九龄之间发生了什么——李林甫不过就是逢君之恶从中渔利而已——而是李隆基和张九龄之间发生了什么。李隆基为何不惜损害自己的圣君名誉，也要坚决拿下这位一代文宗？

开元二十四年，有四件事改变了潮水的方向。

第一件事，张九龄在东北方向的边事的表现让李隆基很失望。契丹和奚本归附于大唐，但张九龄却在外交上迭出昏招，将契丹和奚推到了突厥那边。两蕃复叛之后，安禄山开始登上幽燕地区的最高军事权力宝座。开元二十四年四月，时任平卢讨击使的安禄山出兵讨伐两蕃，却因轻敌遭遇大败。安禄山按唐律当斩，但幽州最高军政长官张守珪爱才心切，将安禄山送到长安等待圣裁。

---

① 参见丁俊《李林甫研究》，凤凰出版社，2014年1月第一版，109页。

按照张九龄的意思，挑起边衅的安禄山罪无可恕，必须斩杀；而李隆基却看重安禄山的勇于任事，反对"以一败弃之"。君臣二人的分歧固然有张九龄长久以来对职业军人的反感，但往深里说，这也体现了两人就东北边事已经产生了不小的政见不合。按照《李林甫研究》一书的说法，张九龄更倾向于靠外交斡旋和怀柔解决问题，态度是消极和被动的，因而无法容忍安禄山的主动开战；而李隆基对东北边事的态度是积极进取的，希望倚重于安禄山这样的蕃将佼佼者"以夷制夷"。①

据《新唐书》说，开元二十一年（733），张九龄第一次见安禄山时，就曾有先见之明——"乱幽州者，必此胡也"。这一预言过于神奇，其中不无后世为了强化张九龄的识人之明与安禄山早有反骨的刻意渲染，张九龄对安禄山的定性很可能更多出于偏见，甚至只是未经深思熟虑的随口一句，但恰巧说中的预言总是更容易被记录和流传，以示天道昭昭。

作为儒臣，也就是当时所谓"文学派"的代表人物，张九龄的反战，特别是反对主动挑起边衅，正是儒家士大夫的传统政治偏好，而这样的保守政策对于重视武功、《兵车行》中所谓"武皇开边意未已"、沉迷于一代雄主人设的李隆基而言，显然是南辕北辙。为了满足自己对赫赫武功的追求，李隆基必然会选择更能契

---

① 参见丁俊《李林甫研究》，凤凰出版社，2014年1月第一版，194—195页。

合他心意的新相，而善于察言观色、行政能力超强的李林甫正合其用。

第二件事，关于废太子。时至开元二十四年，李隆基和太子李瑛的关系已经恶化到了破裂的边缘。出于自己和唐太宗均是依靠宫廷政变上台的真实体验与历史教训，李隆基对皇子特别是皇太子的政治态度一向是以政治监控为主，甚至改变了太子居于东宫的旧制，极力压缩皇太子的政治空间。①

但就是在开元二十四年，李隆基第一次认真动起了废太子的政治考量。太子日渐年长，身居储位二十余年，开始不以李隆基意志为转移地形成了一个以太子为中心的政治集团，构成了对皇权的挑战。除此之外，武惠妃的政治操作也成为恶化玄宗父子关系的重要变量。武惠妃是武则天的侄孙女，为唐玄宗专宠二十年，一直有替儿子寿王李瑁谋太子之位的计划，长期派人秘密监控李瑛。偏偏太子李瑛年轻气盛，对李隆基的政治打压素有不满，与两位交好的皇弟鄂王、光王在背后说些怨气冲天的话。这也在情理之中，但武惠妃抓到这些带有捕风捉影性质的所谓证据以后，当即向李隆基哭诉，指控"太子阴结党与，将害妾母子，亦指斥至尊"。

---

① 参见任士英《唐代玄宗肃宗之际的中枢政局》，社会科学文献出版社，2003年12月第一版，34—42页。

对太子结党一直保持着高度警惕的李隆基，闻讯怒不可遏——其中或许也有趁机生事的因素。他当即召集宰相商议，决心废掉李瑛的太子之位。对此，张九龄本着不能动摇国本的传统儒家价值观，坚决反对废立，理由也很大中至正，"三子皆已成人，不闻大过"，除了片言只语的深文周纳，太子小集团其实并没有做出什么真正大逆不道、从实质上动摇皇权的事情。

在正式会议上，李林甫不仅保持了沉默，还表现出一副心事重重的样子。但在会后，李林甫对唐玄宗身边的宦官放话说："陛下的家事为什么要让别人去决定呢？"很显然，李林甫这话就是说给李隆基听的，表明了他对皇帝意志的忠诚。这事的意义在于，这可能是李林甫在重大问题上第一次反对张九龄，标志着李林甫政治态度的悄然转变，所谓朝会时的"心事重重"，很可能意味着李林甫正在下最后决心，与张九龄政治决裂并参与对首相之位的角逐。① 当然，李林甫式的决裂不是公然挑战张九龄，仍然是暗中操作和私下带话，完美符合他"口蜜腹剑"的经典历史人设。这样的行为模式我们在之后还可以多次看到。

第三件事，关于何时从东都洛阳回长安。迫于关中粮食减收的压力，李隆基在开元二十二年带了一大帮大臣从长安来到洛阳，一待就是两年多。李隆基本人早就想回銮长安了，奈何张九

---

① 参见丁俊《李林甫研究》，凤凰出版社，2014年1月第一版，202—203页。

龄和另一位宰相裴耀卿以不扰民为理由尽量拖延玄宗西幸之期，李隆基迫于爱民的政治正确只得隐忍不发。此时李林甫看出了皇上的心意，在退朝时假装一瘸一拐，李隆基果然就问李林甫"何故脚疾"，李林甫此时就坦承自己是假装脚有毛病，其实是为了单独向皇上奏事，密奏已成了李林甫的经典套路。李林甫称："长安和洛阳本就是陛下的西宫、东宫，东幸、西幸是再正常不过的事情，何所待时？如果担心扰民，免了沿路农户的赋税不就行了。"这话说到了皇帝的心坎上，龙颜大悦的李隆基随即下令回长安。

第四件事，关于牛仙客任相。朔方节度使牛仙客建功于西北战事，尤其擅长后勤事务，李隆基因此想提拔他为尚书，但事无巨细都想和皇帝争一争的张九龄此时又出来唱反调，说尚书这个职位历来是"有德望者乃为之"，牛仙客乃边疆小吏出身，骤然提拔到清要之位，恐怕遗羞朝廷。李林甫又是当场不言，私下找唐玄宗说："牛仙客是宰相之才，才做个尚书又有什么？九龄书生，不识大体。"

唐玄宗不甘心，第二天又拉着群臣接着讨论，想给牛仙客封个爵位。张九龄仍旧反对。唐玄宗大怒称："你嫌牛仙客家世寒微，难道你张九龄出身名门吗？"张九龄虽以牛仙客没读过什么书，难孚众望作为回应，但还是难消李隆基的怒气。退朝后，李林甫再次暗中进言："只要有才识，何必满腹经纶？天子用人，有何不可？"李隆基这才下决心乾纲独断，顶住压力封牛仙客为陇西郡公。

李隆基授封牛仙客仅四天之后，张九龄与裴耀卿双双罢相，玄宗盛世的倒数第二根接力棒交到了李林甫手中。

此时的李隆基已年过半百，早已不再是开元初年那个励精图治的青年天子，他没有精力，更没有意愿像继位之初那样任贤用能、孜孜求治。盛世君王再也没有雅量去接纳姚崇、宋璟式的直言劝谏，也没有精力去和姚崇、宋璟这种会不断推着君王前进的贤臣周旋。

盛世即当下，朝乾夕惕已成过去时，李隆基再也没有动力去压抑自己对醇酒美人的迷醉，以及对奢靡浮华的倾慕。盛世君王天然就有好大喜功的一面——盛世宣示四海，军威无远弗届。从这个意义上来说，李隆基已不再适配姚崇、宋璟，更何况无论在能力还是沟通艺术上都是姚宋低配版的张九龄，李隆基疲倦极了。

行政能力和执行力超强，却又处处逢迎倦怠君王的欲望、权力意志和不可言说的想法，哪怕是逢君之恶也在所不惜的李林甫，才是此时李隆基最需要的"盛世宰相"：服从自己的权力意志，却又在执行中善于权变。有李林甫在身边，李隆基可以倦政，可以任性，可以穷奢极欲，可以大权在握却又不用事必躬亲。说白了，到了李隆基这个年纪，他觉得也该到了品尝盛世果实的时刻了。

对于李林甫的上位，还有一个经典的解释框架就是所谓的"吏治与文学之争"[1]。从个人审美上，李隆基更偏爱张九龄式的"文学派"，但就政治利益的考量，李隆基也离不开李林甫为代表的"吏治派"。李隆基舍文学而就吏治，这倒不是说文学派的治国能力要逊于吏治派，而是说张九龄这样的文学派更恪守士大夫意义上的道统和政治责任感，忠于皇帝但更忠于体制，不能亦步亦趋与皇权保持一致；而吏治派更注重对李隆基本人的效忠，没有道统这样的心理负担，不惜以绕开体制给予皇权更大的活动空间，或者说，多了一些李林甫式的"服从与依从的奴才相"[2]。

没错，李林甫是李隆基登基以来权力最大的宰相，但也是在君相互动模式上最缺乏平等感的宰相。

不合时宜的张九龄已经匹配不上李隆基的盛世，这个盛世的后半段，能与之匹配的是李林甫。

据说就在被贬这一年，厌烦了政治争斗的张九龄送给了李林甫一首"求和诗"：

---

[1] 参见汪篯《汪篯汉唐史论稿》，北京大学出版社，2016年12月第一版，428—431页。

[2] 参见任士英《唐代玄宗肃宗之际的中枢政局》，社会科学文献出版社，2003年12月第一版，76—77页。

> 海燕何微眇，乘春亦暂来。
> 岂知泥滓贱，只见玉堂开。
> 绣户时双入，华轩日几回。
> 无心与物竞，鹰隼莫相猜。
>
> ——《归燕诗》

但鹰隼终究没有放过归燕。

约二十年后，流亡蜀中的李隆基感念张九龄，尤其是"乱幽州者，必此胡也"的预言，遣使至曲江（今广东省韶关市）祭拜张九龄，追赠其为司徒。

二

这个盛世既是李隆基的，也是李林甫的。

李林甫是盛世的建设者、参与者，或许也算是破坏者，但所谓"破坏者"更像是盛世终结后的回望与批判——当你还身在盛世其中时，美景良辰只会让你不能自拔。

足以作为李林甫时代开幕式的大事件是，开元二十五年（737）四月二十一日，太子李瑛被废。

《新唐书》中的说法是武惠妃做了个局，诈称宫中有贼，让人通知李瑛和与其交好的鄂王、光王进宫杀贼；当三位皇子"被甲入宫"后，武惠妃再去告诉李隆基，说三子意图谋反，而"被甲入宫"就成了有力的证据。但司马光在《资治通鉴》中不太相信太子会这么轻信和冲动，怀疑"被甲入宫"的真实性。

废太子也就罢了，李隆基又在一天之内赐死了三位皇子，史称"三庶人之祸"。此事成为玄宗盛世的一个血腥注脚。李隆基虽已进入倦政期，但这绝不代表他旺盛的权力欲有丝毫减退，他尽可以一边对皇权的挑战者宁枉勿纵，一边将琐碎的行政事务全数委托给李林甫。

李瑛被废后，得到武惠妃某种政治承诺的李林甫力推寿王李瑁上位，但李隆基很可能是因为不想再出现一位与宰相有密切关系的新太子，以免对皇权再度形成威胁，因此迟迟没有拿定主意。

这一拖就是一年多，甚至连做局者武惠妃都没有等到结果，就在"三庶人之祸"八个月后一命呜呼。武惠妃之死，主流的说法是她终日生活在三庶人冤魂索命的恐惧情境中，"怖而成疾"，但这其中也不无武惠妃机关算尽，寿王立储却悬而未定，以致她郁郁而终的因素。

开元二十六年（738）五月，李隆基仍然没有跳脱永失吾爱的情绪，再加上自感英雄迟暮、太子未定，终日悒悒不乐，甚至连饭量都掉了许多。当高力士询问李隆基为何心情不好时，他这位老主子回答说："我家老奴，岂不能揣我意？"高力士本就隐约知

第一章　李林甫的盛世（开元二十四年至天宝十一载）

道李隆基心力交瘁于立储一事，心领神会地大胆建言称："大家[①]何必如此虚劳圣心，但推长而立，谁敢复争！"

"推长而立"一语惊醒局中人，李隆基连声夸赞称："汝言是也！汝言是也！"在主奴二人打的这个哑谜中，新的储君人选是三子忠王李玙。打哑谜的此月，李玙便被立为太子，后来改名为李亨，也就是日后的唐肃宗。

当然，寿王李瑁也未必有多么失望，他本来就不是个很有政治野心的人，介入储位之争很大程度上是母亲武惠妃的全盘主导，更何况，此时李瑁的心思都在如花美眷——刚结婚没几年的寿王妃杨玉环身上。

开元时代的最后两年，似乎短暂地远离了政治和阴谋，远离了太子废立和李林甫独大。

据《开元天宝遗事》所载的段子，武惠妃去世后，李隆基曾放浪形骸过一段时间。李隆基命嫔妃们聚众赌博，谁赢了谁就陪他过夜；这还不是最香艳的，每到春天，李隆基就下令全体妃嫔头插鲜花，然后他亲自放飞一只蝴蝶，蝴蝶停在谁的头上就临幸谁。

直至杨玉环的出现，才让李隆基转身为《长恨歌》中那个断肠情种。

最后的开元时代，只属于李隆基和杨玉环。

---

① 大家，唐代后宫对皇帝的称呼。

开元二十八年（740）十月，五十六岁的李隆基和二十二岁的寿王妃杨玉环在骊山温泉宫幽会，揭开了李杨《长恨歌》的序幕。而这场隔代幽会的推动者，很可能就是高力士。武惠妃去世后，高力士承担了为李隆基填补感情空白的责任，说是"选美"，甚至"猎艳"也不为过。

但要说杨玉环如何风华绝代，可能也未必。高力士的猎艳范围刻意局限在由武则天创组的所谓"李武韦杨婚姻集团"内部，而杨玉环虽为距核心较远之外围人物，但亦属此大集团。如陈寅恪先生所说，"世人往往以贵妃之色艺为当时大唐帝国数千万女性之冠，鄙意尚有疑问，但其为此集团中色艺无双之人，则可断言，盖力士搜拔之范围原有限制，而玄宗亦为武党所包围蒙蔽故也"[①]。按照这种说法，杨玉环也是"李武韦杨婚姻集团"的一颗棋子，李杨《长恨歌》从一开始就带有了政治婚姻的因子。

骊山幽会后，寿王妃很快就变成了女道士"太真"，只是，太真的专属道观就在大明宫内。

开元二十九年（741）冬，这是开元时代的最后一个冬天，杨太真连大明宫的道观都不住了，直接入住李隆基的常居地兴庆宫，从"太真"又升格为"娘子"——未经正式册封，但已然三千宠

[①] 参见陈寅恪《记唐代之李武韦杨婚姻集团》，收于《金明馆丛稿初编》，上海古籍出版社2020年版。

爱在一身。①

关于开元时代的种种美好，杜甫的回忆表达沉郁顿挫，"忆昔开元全盛日，小邑犹藏万家室。稻米流脂粟米白，公私仓廪俱丰实……伤心不忍问耆旧，复恐初从乱离说"(《忆昔二首》)。

但以下这一幕没准更能代表开元年间的盛世气象：

开元年间，当王昌龄、高适和王之涣这三位齐名的诗人都还在落魄时，在一个天寒微雪的日子，他们一起来到旗亭喝酒，偶然碰见一群歌妓唱诗，三人相约："我们就在一旁听歌妓唱歌，谁的诗被吟唱得最多，就说明谁的诗写得最好。"

第一个歌女唱的是："寒雨连江夜入吴，平明送客楚山孤。洛阳亲友如相问，一片冰心在玉壶。"王昌龄伸手画壁，笑了。

随后一个歌女唱的是："开箧泪沾臆，见君前日书。夜台今寂寞，独是子云居。"高适乐了。

第三个歌女唱的是："奉帚平明金殿开，且将团扇共徘徊。玉颜不及寒鸦色，犹带昭阳日影来。"这首又是王昌龄的。

成名最久的王之涣感觉面子上挂不住，就对王、高二位放话说："这几个唱曲的，都是潦倒的乐官，只唱得了下里巴人的词曲，像我写的那些阳春白雪之诗，哪里是这些俗人敢去唱的。"

于是王之涣指着最漂亮的一位歌女说："她等会儿如果唱的不

---

① 参见许道勋、赵克尧《唐玄宗传》，人民出版社，2015年3月版，334—335页。

是我的诗，我此生就再也无颜和你们争高下了；但如果唱了我的诗，你们两位就尊我为师好了。"

不一会儿，就轮到这位绝色歌女一展歌喉了，她一开嗓就是："黄河远上白云间，一片孤城万仞山。羌笛何须怨杨柳，春风不度玉门关。"王之涣乐坏了，调笑王昌龄和高适说："你们两个乡巴佬，我没骗你们吧？"

明白过来的歌女们邀请三位诗人赴宴，整整喝了一天的酒，唱了一天的歌。

这则被叫作"旗亭画壁"的逸事，出自唐人薛用弱的传奇《集异记》，其实在历史上是否真实存在都有些争议，但在很多人心目中，"旗亭画壁"就是开元盛世的样子：天才总是成群而来。

在玄宗时代，类似"旗亭画壁"的风流故事多发生在平康坊，唐帝国上千名顶尖的歌妓聚集于此。除了歌姬，长安的酒肆中还有不少侍酒的胡姬，"胡姬貌如花，当垆笑春风"，"胡姬招素手，延客醉金樽"，胡音、胡乐、胡酒、胡舞、胡妆，世界帝国有的是风情。有一种说法是，长安胡姬大多都是粟特人，整张脸都是异国风情，"高鼻、深目、碧眼，有着白色的皮肤，长着亚麻色、栗色或者褐色卷发"[①]。安禄山也是粟特人，因此，也可以这样大致想象安禄山的长相。

---

① 参见［日］森安孝夫《丝绸之路与唐帝国》，石晓军译，北京日报出版社，2020年1月第一版，188页。

平康坊是长安城数一数二的热闹地方，被时人称为"风流薮泽"。平康坊西北面紧邻皇城，西面与务本坊相望，那里有国子监和孔庙太学，南面的宣阳坊住着杨玉环的姐姐虢国夫人，紧邻着新贵杨国忠家。每年的进士放榜日，新科进士和落魄的士子都会涌向平康坊，或春风得意马蹄疾，或与尔同销万古愁。士子与歌妓，是永恒的唐诗主题。

在唐传奇《李娃传》中，赴长安赶考的郑生就与名妓李娃相遇于平康坊，他们在此定情，在此分离，在此复合。这个设定于天宝时代的才子佳人故事，有着盛世独有的那种颓废、青春期躁动、爱情至上与无事乱折腾，丝毫不像设定于唐德宗时代的《莺莺传》，一开篇就是乱世与兵祸。

差点儿忘了，李林甫也住在平康坊，府中最有名的建筑叫"月堂"，传说"林甫每欲破灭人家，即入月堂，精思极虑，喜悦而出，其家不存矣"。

在平康坊，宰相、贵戚、诗人、歌妓、胡女、士子，乱纷纷地聚在一块，灼灼其华，绣口一吐，便是半个盛唐。

三

天宝元年（742）夏末，四十二岁的李白独自一人在泰山一带漂泊时，收到了一封来自长安，宣召他入朝的正式信函。

狂喜的李白赶紧回到安徽家中，和他的一对儿女告别，飘飘然中作了一首诗：

> 白酒新熟山中归，黄鸡啄黍秋正肥。
> 呼童烹鸡酌白酒，儿女嬉笑牵人衣。
> 高歌取醉欲自慰，起舞落日争光辉。
> 游说万乘苦不早，著鞭跨马涉远道。
> 会稽愚妇轻买臣，余亦辞家西入秦。
> 仰天大笑出门去，我辈岂是蓬蒿人？
>
> ——《南陵别儿童入京》

这是李白第二次来到长安。十二年前，初入长安的李白求仕无门，留下了"大道如青天，我独不得出"的浩叹。

这一次，李白得到了李隆基的厚待，不负仰天大笑出门去。据李白的族叔李阳冰所述，初见李白时，李隆基降辇步迎，亲为调羹，说："你只是个布衣，可是盛名连我都知道了，如果不是因为平素道德高尚，如何能如此出名？"随即，李隆基让李白"供奉翰林，随时待诏"。

"翰林"二字听起来尊贵超然，但在玄宗朝的语境里却更像是李隆基身边解闷帮闲的文人。但李白终其一生都将这段伴在李隆基身边的日子视作无上的荣耀，反复地咀嚼回忆，"长安宫阙九天上，此地曾经为近臣"。

在长安期间，李白最大的成就可能就是留下了碾压时空的《清平调》三首：

> 云想衣裳花想容，春风拂槛露华浓。
> 若非群玉山头见，会向瑶台月下逢。
>
> 一枝红艳露凝香，云雨巫山枉断肠。
> 借问汉宫谁得似，可怜飞燕倚新妆。
>
> 名花倾国两相欢，长得君王带笑看。
> 解释春风无限恨，沉香亭北倚阑干。

传说杨玉环一开始很喜欢《清平调》，经常让宫廷首席音乐家李龟年演奏。但高力士在杨玉环前挑拨称：李白此诗别有用心，将您比拟为赵飞燕，是讽刺红颜祸水，秽乱宫闱。杨玉环听闻后虽未怒形于色，却也开始疏远、厌恶李白，而这等同于提前宣布了李白宫廷帮闲生涯的结束。

而至于高力士为何要中伤李白，则是因为那则著名的"脱靴事件"——李白在大醉时逼高力士给自己脱靴。

但无论是"脱靴事件",还是"赵飞燕事件",抑或是"醉草吓蛮书",其在历史上的真实度都颇有些争议,可能就是些宫廷八卦。将李白之成败与高力士、杨玉环这些显贵强行牵扯到一起,可以理解为是对李白的一种恭维与包装,真实情况可能是李白甚至都没与杨玉环近距离接触过。

天宝三载(744)春末,李白向李隆基递交了辞呈。李隆基甚至都没有做出任何挽留的姿态,赐了一笔丰厚的遣散费,就放李白走了。这一年,李隆基"改年为载",宣告他的盛世已可媲美于用"载"纪年的尧舜时代,这是何等的踌躇满志。

也是在天宝三载,长安城中最欣赏李白,将他称为"谪仙人"的贺知章,也上疏求还乡里。行前李隆基以御制诗赠之,李亨率百官饯行。八十六岁的贺知章回乡后没多久就溘然长逝,只留下了近乎遗作的《回乡偶书二首》,没那么出名的第二首更具人生无常感:

离别家乡岁月多,近来人事半销磨。
惟有门前镜湖水,春风不改旧时波。
——《回乡偶书二首》之二

李白的长安梦只安睡了两年。

关于长安梦碎,李白本人的解释是为小人背后中伤,他日后在诗中曾反复写到这一点:"青蝇易相点,白雪难同调""谗惑英主心，恩疏佞臣计""骑虎不敢下，攀龙忽堕天""君王虽爱蛾眉好，无奈宫中妒杀人"。

并没有什么证据表明李白的不得志与李林甫直接相关，两人的政治地位相差甚远，但是，置于李林甫时代"吏治与文学之争"的政治基调，文人李白不被官场所容也是符合逻辑的。

导致李白败走长安的"小人"，很可能就是李白在翰林院的同僚张垍。他不仅是开元时代名相张说的次子，还是李隆基的女婿，对李白的中伤和打压可能是出于妒忌，虽然他的地位比李白要高得多。[①]但几年后，杜甫在求官无门时也曾赠诗给张垍（《奉赠太常张卿垍二十韵》），希望得到引荐。

李白沉浸于小人中伤的自我悲情中，但他或许不自知的是，他以管仲、乐毅、诸葛亮自居，慨然有澄清天下之志，但李隆基需要的却只是一个给盛世点缀些花样闲篇的文学侍臣，从李隆基这里，李白注定得不到他想要的千秋功业。

更残酷的是，李白是不世出的诗坛天才，但毫无政治实务经验的他，却很可能不如自己认定的那样——天然具备着什么辅弼君王、一匡天下的经世大才。别的不说，无论是传说中李白对高力士的那种无谓得罪，还是他口中的被小人所忌恨，还是终日饮酒的豪放不羁，都表明了李白不太具备在长安官场厮混的最起码

[①] 参见许道勋、赵克尧《唐玄宗传》，人民出版社，2015年3月版，341页。

条件：人脉、心机、和光同尘和隐忍。

长安，只在李白的臆想、幻象与长醉中。

李白的长安行，在杜甫的笔下最为瑰丽浪漫，只有酒与诗，没有政治和阴谋：

> 李白一斗诗百篇，长安市上酒家眠，
> 天子呼来不上船，自称臣是酒中仙。
> ——《饮中八仙歌》（节选）

在弃长安的这一年，四十四岁的李白在洛阳和汴州一带遇见了三十三岁的杜甫，这可能是唐诗世界里最无可比拟的一次伟大相遇，照亮了中国古代文学史。一千多年后，诗人闻一多多情地将这次相遇描述为"晴天里太阳和月亮碰了头""四千年的历史里，除了孔子见老子，没有比这两人的会面，更重大，更神圣，更可纪念的"。

初见时，传说李白甚至背出了杜甫《望岳》中的两句"会当凌绝顶，一览众山小"，此时寂寂无名的杜甫几乎是在灵魂上被李白征服了。

几个月后，李杜相约在梁宋（今河南省商丘市）一带再见。在那里，他们又碰见了高适，那位日后飞黄腾达，写下"千里黄云白日曛，北风吹雁雪纷纷。莫愁前路无知己，天下谁人不识君?"(《别董大》)的高适。

三位大诗人一起度过了一段美妙的时光:他们一起作诗,一起吟诗,一起打猎,一起梁园访古,一起纵酒高歌,一起郁郁不得志。杜甫日后深情地作诗回忆:

> 忆与高李辈,论交入酒垆。
> 两公壮藻思,得我色敷腴。
> 气酣登吹台,怀古视平芜。
> 芒砀云一去,雁鹜空相呼。
>
> ——《遣怀》(节选)

杜甫和李白三次会面,但这次会面,他们一起度过的这几个月是杜甫一生都无法忘却的回忆,两人"醉眠秋共被,携手日同行","他将一次又一次深深地怀念李白,即使在生命的最后几年,杜甫也会梦见当时已经去世的李白,还会写关于李白的诗,好像李白身上的光芒从未离开过他"①。杜甫专门寄赠或怀念李白的诗至少有十首。

相比之下,李白对杜甫的感情可能更为低调和内敛,相比深情,他更喜欢开杜甫的玩笑:

---

① 参见[美]哈金《通天之路:李白传》,汤秋妍译,北京十月文艺出版社,2020年2月第一版,218页。

饭颗山头逢杜甫，顶戴笠子日卓午。
借问别来太瘦生，总为从前作诗苦。

——《戏赠杜甫》

李白本质上是一个精神上的独行者，杜甫是李白喜欢的一个年轻朋友，但李白是杜甫的生命之光。这或许是一种并不对等的友情，但杜甫并不在意，他敬重、崇拜、依恋李白，他在同眠时听到了李白的痛苦和嘶叫。杜甫甚至比李白自己还要焦虑他的不得志：

秋来相顾尚飘蓬，未就丹砂愧葛洪。
痛饮狂歌空度日，飞扬跋扈为谁雄。

——《赠李白》

当李白弃长安而去，杜甫即将寻路长安，这一寻就是十年。

四

李杜巨星相遇的灿烂情状，是大唐盛世臻于极盛的一个剪影。还有杨玉环，她用《霓裳羽衣曲》为盛世代言。

天宝四载（745）八月，六十一岁的李隆基正式册立杨玉环为贵妃。就在十天前，刚刚册立了第二任寿王妃。大唐宫廷这一操纵痕迹明显的双喜临门，似乎暗示着"杨贵妃曾为寿王妃"这一往事俯仰之间已成陈迹。

李杨之恋是盛唐最绚烂煽情的一段情爱，《长恨歌》中"春宵苦短日高起，从此君王不早朝"或许是夸张了，但沉醉于爱情中的李隆基对日常政治的厌倦已无法抑制。

天宝三载，改年为载的李隆基对高力士说："朕不出长安近十年，天下无事，朕欲高居无为，悉以政事委林甫，何如？"

高力士表示反对："天下大柄，不可假人；彼威势既成，谁敢复议之者！"李隆基当即面露不悦，高力士见状赶紧顿首请罪："臣狂疾，发妄言，罪当死！"从此，高力士"不敢深言天下事矣"。

即使是高力士这样的头号近臣，对李隆基的倦政情绪也是无可奈何。在高强度地励精图治二十多年后，皇帝老了，陛下累了，这有错吗？

站在李隆基的角度上，李林甫也没有辜负他的托付与信任。第一，李林甫虽权倾朝野，但始终在如来佛掌中，无能力，更无野心去威胁皇权，在李隆基面前甚至有些家奴的做派，在贯彻帝王的政治意志上不遗余力，使李隆基可以自琐碎政治事务中脱身的同时，保持对朝中大事的掌控。

在盛唐以降的政治文化中，门阀贵族的政治掌控力已渐成往事，宰相虽看起来权倾天下，但宰相的权力大小，关键仍在于他和皇帝的私人关系，在于皇帝对他的信任有多少——皇权是相权的基础。宰相看似风光，却是个高风险的职位，被贬、被杀、被赐死都是常态，李林甫也不外如是。①

第二，李林甫虽然政治品格不高，也看不出有什么大格局、大方略，但作为"吏治派"官员之首，李林甫行政能力的确超强，为玄宗盛世的巩固与延续做了不少实事：推动大唐财政逐步开始从按人头征税向按土地征税的过渡；完成了帝国兵制从征兵制到募兵制的重大改革，彻底告别了业已名存实亡的府兵制。李林甫还主持了行政法典《唐六典》的修订，对大唐立国一百多年以来的律令体制进行了全面整理，唐朝律、令、格、式各项法典加起来一共7026条，李林甫修订的就有3432条。②

对于李林甫的行政能力，就连对他评价很低的《旧唐书》也不得不承认："宰相用事之盛，开元已来，未有其比。然每事过慎，条理众务，增修纲纪，中外迁除，皆有恒度。"

第三点可能更为重要，李林甫主动承担了某些李隆基不仅不方便干，可能连公开说都有忌讳的"脏活儿"。

李林甫在开元二十五年（737）就已经干过这种脏活儿，他自

---

① 参见赖瑞和《唐代高层文官》，中华书局，2017年8月第一版，121—122页。
② 参见蒙曼《唐明皇》，新星出版社，2016年10月第一版，371页。

天宝五载（746）始将再干一次，不，三次。

在李隆基的政治认知中，对皇权威胁最大的一贯是太子。他这样想自然也没错，唐帝国的朝堂自开国以来始终笼罩在宫廷政变的阴影之下。从血腥的玄武门之变，到太宗时代太子李承乾和魏王李泰的夺嫡之争，再到李隆基自己连续发动政变逼宫父亲睿宗李旦，不同版本的"玄武门之变"在反复上演。

唐代帝王们有意无意地主动破坏着稳定的有预期的储君继承制度，深感地位遭到威胁的历代太子们又岂能坐以待毙？而这又进一步加强了帝王的危机感，大唐宫廷政治就这样陷入了恶性循环。

开元二十五年，李隆基在李林甫的配合之下，导演了"一日杀三子"的人伦惨剧。李瑛被废之后，李隆基选择了母亲早亡、在后宫和前朝都缺乏政治资源的李亨作为储君。但是，李隆基对这样的李亨仍然不放心，相反，随着年纪的增大，倦政情绪的加深，六十二岁的天子对太子的疑虑与日俱增。

逢君之恶也好，忧君所忧也好，李林甫这次又主动站了出来。《资治通鉴》中将责任都推给了李林甫，"林甫恐异日为己祸，常有动摇东宫之志"，撇清了李隆基在其中的责任。

从天宝五载开始，李林甫对太子以及他身后正在生长的政治势力，连续三次发动了几近致命的进攻，史称"天宝三大案"。

第一案，韦坚与皇甫惟明案。韦坚是太子妃的哥哥，皇甫惟明是太子的旧属，这两人都可以算是太子的势力。天宝五载正月，身兼陇右和河西两大节度使的皇甫惟明来长安述职，当面向李隆基提出了罢免李林甫的意见。皇甫惟明的这一站队势必引起李林甫的反击，而且很可能也引起了一向提防太子掌握兵权的李隆基的猜忌。但偏偏此时皇甫惟明又犯下了致命的失误——他与韦坚的密会被李林甫探知。李林甫当即向李隆基汇报，指控皇甫惟明和韦坚密谋发动政变，拥立太子。

李隆基自然大怒，立即处置了皇甫惟明和韦坚。李亨眼见大事不好，主动和太子妃韦妃进行了政治切割，与已生了两子两女的韦妃挥泪离婚。但当李林甫还想将案件进一步殃及太子本人，危及太子的储君之位时，李隆基及时叫停，向李林甫表达了"到此为止"的政治态度，因此李亨虽然元气大伤，但终究是保住了太子之位。[1]

以因果观来看此案，太子妃因哥哥犯事被牵连，太子为自保主动放弃了爱妃，都像极了十年后的马嵬坡之变。只是，主客易位而已。

韦坚案的一个连带效果是，平日与韦坚交好的左相李适之在惊惧之下，主动要求罢去相位。这位以豪饮闻名，与李白并列"饮

---

[1] 参见任士英《唐代玄宗肃宗之际的中枢政局》，社会科学文献出版社，2003年12月第一版，101—103页。

中八仙"的大唐宗室（祖父是曾为唐太宗太子的李承乾），以为去职之后就可以逃离政治旋涡，以醇酒美人了此残生，谁知平日与他觥筹交错的酒友们再也不敢登门，李适之在苦涩中感怀人情冷暖：

避贤初罢相，乐圣且衔杯。
为问门前客，今朝几个来。

——《罢相作》

那些势利的宾客们显然是对的，李林甫的政治追杀接踵而至。李适之先是被贬出长安，继而在天宝六载（747）被逼服毒自尽。

第二案，杜有邻与柳勣案。韦坚和皇甫惟明案还未完全结束时，李林甫在天宝五载一月又出招了。杜有邻是太子姬妾杜良娣的父亲，因为和女婿柳勣失和，柳勣以"和太子一起在背后批评皇帝"为由告发了老丈人。根据初步的审理，此案完全是柳勣的诬告，但如获至宝的李林甫却由此大作文章，将此案政治化、扩大化。最后的结果是杜有邻和柳勣都死在了大理寺，而太子再一次为了自保，故技重施，与杜良娣离异。

就这样，一年之内，太子以连续两次抛弃妻妾为代价，才从政治风波中侥幸脱身。这两次婚变也显示了，在李林甫咄咄逼人的进攻之下，李亨正在形成的所谓政治势力不堪一击，只能以忍看朋辈成新鬼的退让韬晦之策换得苟安。李亨在这样的重压之下，短时间内便鬓发斑白，李隆基看到后心生舐犊之情。

第三案，王忠嗣案。皇甫惟明被贬后，原本就身兼河东和朔方节度使的王忠嗣，一度又兼领了空出来的河西、陇右两镇节度使，成为当时大唐军界第一号人物，"劲兵重镇，皆归掌握，自国初已来，未之有也"，势力甚至超越了数年之后的安禄山。王忠嗣这个人的背景相当雄厚，从小以烈士遗孤的身份被李隆基养在宫中，与李亨一起长大，等于同时是天子和太子的亲信。李林甫决定拿王忠嗣下手，固然是因为作为政治新星的王忠嗣对自己造成了政治威胁，但更大的原因恐怕还是想利用王忠嗣和太子的关系作文章，以太子染指兵权为由发动致命一击。[1]

李林甫终于等到了机会。天宝六载十月，李隆基想让王忠嗣收复吐蕃控制下的要塞石堡城，但王忠嗣觉得强攻石堡城势必要付出重大代价，"所得不如所失"，主张等待时机谨慎图之。心生不满的李隆基倒也没说啥，转任主动请缨的大将董延光主攻，让王忠嗣出兵配合。

王忠嗣虽不得已奉诏，但未尽全力。日后的军神，时任河西兵马使的李光弼提醒王忠嗣："彼（董延光）无功，必归罪于大夫。"

---

[1] 参见任士英《唐代玄宗肃宗之际的中枢政局》，社会科学文献出版社，2003年12月第一版，106—109页。

王忠嗣此时说出了他这辈子最见人性光辉的一句话："忠嗣岂以数万人之命易一官乎！"

如李光弼所料，董延光久攻石堡城不克，便将主要责任推到王忠嗣身上，"言忠嗣沮挠军计"，惹得李隆基勃然大怒，决定重惩王忠嗣。

据说王忠嗣当时之所以保住一命，是因为曾为他属下的名将哥舒翰在李隆基面前极力求情，"言词慷慨，声泪俱下"，才为王忠嗣争得一线生机。

天宝八载（749），还是哥舒翰，出兵收复了石堡城，唐军此役战死数万人，成为玄宗朝穷兵黩武的标志之一。一切正如王忠嗣当初所料："若顿兵坚城之下，必死者数万，然后事可图也。臣恐所得不如所失……"

王忠嗣一案，往小里说，也就是边帅出于私心，不欲他人沙场建功，至少不愿成人之美；往大里说，是李隆基、王忠嗣君臣就开元以来的激进开边政策产生了深刻的战略分歧，边帅基于军事现实，倡导老成持重、战略收缩，帝王基于盛世武功，力主积极进取、封狼居胥，李隆基对从小看着长大的亲信如此不谙帝王心迹，感到极度失望和恼怒。

但李林甫的入局改变了以上两大逻辑：他一方面亲自干涉此案，声称"太子宜知谋"，也就是李亨对王忠嗣反对开战一事早已提前获悉；更诛心的是，他指使亲信大造舆论，说王忠嗣是李亨在军界的代理人,甚至有图谋不轨的意图,"欲拥兵以尊奉太子"。

李林甫的这一操作可以说是"天宝三大案"中最具杀伤力的一个,已经涉及宫廷政治的最敏感之处——太子涉嫌结交武将策划兵变。但这一次,还是李隆基最后一锤定音,"吾儿居深宫,安得与外人通谋,此必妄也",在废立边缘挽救了李亨的政治生命。

但李亨的政治声望已然遭到了严重打击。天宝六载正月,也就是前两次大案之后,安禄山在朝会上"见太子不拜",面对李隆基的诘问,安禄山道出了那句著名的"只知陛下,不知太子",在李隆基面前成功确立了愚忠的人设。安禄山在这一事件中自然有刻意进行政治投机的行奸用诈,但作为地方军将敢于蔑视皇太子,"正是皇太子政治地位沦落的客观政治现实的一种折射反映"[①]。这不仅是李亨个人政治地位的岌岌可危,也是玄宗朝太子政治威慑力清零的尴尬现状。

从李林甫三度倾覆东宫都未得全功可以看出,李隆基虽然是李林甫某种意义上的总后台——至少是乐见李林甫出手的——但他的意图也就是利用李林甫反复摧毁太子集团的政治势力,消弭太子对皇权的现实威胁,却并没有废太子的意思。而李林甫为了

---

① 参见任士英《唐代玄宗肃宗之际的中枢政局》,社会科学文献出版社,2003年12月第一版,200页。

个人未来的政治前途所计，尤其是担心太子接位后的政治报复，势必不满足于李隆基划下的政治红线，希望以反复挑战红线来达到废储的终极意图。但李隆基对此明显不以为然，连续三次在最后阶段叫停了李林甫的越线行为。

也就是说，李隆基所要的是一个弱势太子，一个身后没有政治势力集团依附的太子，一个与宰相不睦、时时争斗、互相制衡的太子，一个无军权支撑、不致效仿太宗和自己发动宫廷政变的太子。只要满足这些前提，李隆基对李亨并无除之而后快的意图，毕竟，李隆基还保有基本的政治理性。

但这就是李林甫这一类鹰犬式宠臣的悲哀。他们为了皇权的内在需求，不得不算计储君、得罪储君，但储君只要隐忍不倒就是下一个皇权，新君即位之时，就是宠臣家族的毁灭时刻。

如果李林甫拒绝配合皇权倾轧东宫，他根本就不可能稳坐十六年的右相，甚至连能否当上右相都在两可之间，这不就是张九龄失势的政治逻辑之一吗？

五

李林甫很可能早已预感到了自己的命运终局。

李林甫之子李岫一直担心父亲会为权势所反噬。一次随父游园时看到一个苦力拉着大车走过,趁机跪倒在地,哭着对父亲道:"父亲久居相位,怨仇满天下,一旦大祸临头,恐怕想跟这个苦力一样都不可得。"李林甫默然良久,喟叹道:"已经是这样了,能怎么办呢?"

很大程度上,李林甫叹息的就是自己已被绑上了与太子为敌的不归路,唏嘘的也是自己为了保住权位所做的各种挣扎。

李林甫的确得罪了太多人,形成了一种无法自拔的恶性循环:他越忧虑自己位置不稳,就越致力于铲除各路潜在的威胁者,而动手越频越狠,就更会在官僚阶层中滋生仇恨与动员反对者。仇恨的圈套之所以无法解脱,就在于它把一个人和他的敌人拴得太紧了。

为了打击潜在的政敌,李林甫做了一件为后世诟病不已的事情:重用蕃将。李林甫深知李隆基热衷在边将节度使中选拔宰相,担心文官背景的边将威胁自己的政治地位,便极力怂恿李隆基摒弃文官出任节度使,重用"寒族蕃将",理由是"文士为将,怯当矢石,不如用寒族、蕃人,蕃人善战有勇,寒族即无党援"。李林甫看重的是蕃将"不识文字,无入相由",不像汉族官员可以自如地在"出将入相"中双向切换,毕竟,文武不分途径本就是关陇集团创立时的重要特征之一。

尽管李林甫这一举措客观上也为高句丽人高仙芝和突骑施人哥舒翰等名将提供了崛起路径,但以历史的后见之明来看,安禄山才是那个更应该感谢李林甫的人。天宝九载（750），安禄山被封为东平郡王，"唐将帅封王自此始"。

安禄山确因李林甫的私心一瞬而崛起，然则，李林甫可能也是大唐唯一有足够威势遏抑安禄山野心之人。据说安禄山每每拜见李林甫，他还未及说出的小心思总能被李林甫预先言中，他也因此将李林甫奉若神明，但有见面，即使是数九寒天也紧张得汗流浃背。

李林甫在高层频掀政治风暴也就罢了，他甚至压制到了普通士子之上，大有将任何对手消灭于萌芽状态的意思。当然，这从"吏治与文学之争"的角度来理解也说得通。天宝六载，李隆基下诏在民间广求贤才，只要有一技之长，就可以面见皇帝，直达天听。李林甫担心这些民间士子批评朝政，就要求让各级官府层层把关，选出"合格"的人再让李隆基接见，以免"污浊圣听"。最终，被送到长安的士子被考以诗、赋、论，结果无一人及第，李林甫便堂而皇之地向李隆基道贺，说这可是"野无遗贤"的盛事，全天下的人才都聚集于朝廷效忠陛下，可喜可贺。

杜甫也是"野无遗贤"事件的落榜者。这一闹剧给杜甫留下了不小的心理阴影，从一开始就定义了他在长安愤懑低沉的潦倒十年。此后他无论如何挣扎，如何屈意卖力地献诗权贵，都无从扭转失意的仕途。很多年后，杜甫仍然耿耿于怀：

> 破胆遭前政，阴谋独秉钧。
>
> 微生沾忌刻，万事益酸辛。
>
> ——《奉赠鲜于京兆二十韵》（节选）

终究意难平。

杜甫的怀才不遇感，李白、高适、王昌龄……大多数盛唐诗人都感同身受过，似乎只有终生不仕、"风流天下闻"的孟浩然在中年以后成功跳脱。

李林甫的嫉贤妒能可以说是全方位的，《资治通鉴》说："李林甫为相，凡才望功业出己右及为上所厚、势位将逼己者，必百计去之；尤忌文学之士……"但李林甫没有预料到的是，他真正的掘墓人就藏在自己身边。

在李林甫打击政敌的行动中，特别是针对太子的"天宝三大案"，有一个叫杨钊的狠人一次不落。

杨钊此时并未更名为杨国忠，还只是一个中级官僚。李林甫为何赏识、拔擢杨钊，其原因可能有三个：杨钊是杨贵妃的远房堂哥，和宫廷有密切联系，但两人的关系其实挺疏离，也找不到什么证据表明杨贵妃对杨钊的仕途有显性帮助；第二，杨钊这个人在底层混过，又是个赌徒，敢说敢干，心狠手辣，不怵东宫，很适合干打手；第三，李林甫其实看不上杨钊，觉得这个人粗鄙无文，没有大本事，更别提能对自己构成什么威胁，李林甫最忌惮的人，要么是张九龄这样的文坛领袖，要么是李适之这样的宗室英才，要么是皇甫惟明和王忠嗣这样的边帅，而像杨钊这种玩阴谋诡计的人，不过是关公面前耍大刀罢了。①

但李林甫显然低估了杨钊的政治能量。天宝九载十月，李隆基一下子给了杨钊两项大恩宠：一是给杨钊的舅舅张易之兄弟平反，为则天皇帝的这两位面首恢复名誉，也等于洗白了他的家世；二是亲自给杨钊赐名"国忠"——还有什么比皇帝亲自认证为忠臣更能显示荣宠？

此刻，这个改名杨国忠的外戚已是帝国政坛的第三号人物，仅次于右相李林甫和御史大夫王𫓧，权势甚至高于左相陈希烈。考虑到王𫓧介于李林甫的心腹与盟友之间，杨国忠此时可以说是唐帝国唯一有资格与李林甫分庭抗礼之人。

而杨国忠只是在伺机而动。

杨国忠只等了两年。天宝十一载（752）四月，王𫓧一头撞进了一桩谋反案中。说起来王𫓧多少有些冤枉，他的弟弟王銲结交了一个自命有王者之相的妄人，这人自不量力地想发动政变。政变自然毫无悬念地失败了，却将王𫓧兄弟牵连了进来。尽管杨国忠声称王𫓧是政变的知情人，但一开始李隆基也没太当回事，因为这个所谓的政变实在是太儿戏了，再加上李林甫的力保，李隆

---

① 参见蒙曼《唐明皇》，新星出版社，2016年10月第一版，354—355页。

基完全不相信自己宠爱的王𫟄会参与密谋，但他希望王𫟄主动将弟弟交出来认罪，作个大义灭亲的姿态好平息物议。但谁知王𫟄兄弟情深，竟流着泪拒绝了皇帝的保全之意，引发了李隆基的震怒。

李隆基登时指派杨国忠和陈希烈审讯王𫟄兄弟，牵扯出了更多的不可言说之事，兄弟二人被指控为"内怀奸诈，包藏不测"。结果是，李隆基勒令王𫟄自尽，王銲杖毙，诸子皆诛。据说长安有个僧人曾预言"王𫟄一家尽成白骨"，竟一语成谶。

王𫟄败亡，杨国忠成了最大的受益者，"凡王𫟄所绾使务，悉归国忠"，而失去了一个强力政治盟友的李林甫则元气大伤，颓势已成，步入了政治下行线。

杨国忠并没有打算见好就收，欲一举扳倒李林甫取而代之。杨国忠将王𫟄逆案与同期发生的蕃将阿布思叛唐事件罗织整合，指控李林甫与这两大恶性政治事件关系万千重，还拉来陈希烈和哥舒翰做证人。李隆基虽然将信将疑，但对李林甫的信任大不如前。

李林甫小觑了杨国忠，而杨国忠也低估了李林甫。李林甫看似败局已定之时，却出人意料地启动了绝地反击。

天宝十一载十月，南诏寇边，剑南告急。李林甫趁机奏请李隆基，力荐杨国忠亲赴一线坐镇，借机将他排挤出中枢。杨国忠岂能不知这是李林甫的阴谋，但战事吃紧，身兼剑南节度使的他实在无从推辞。杨国忠临行前对着李隆基泣不成声："臣这一走，必为李林甫所害。"连平日极少为杨国忠说话的杨贵妃也站出来求情，李隆基当场允诺杨国忠："你暂且先到剑南处理军务，朕很快就会召你回朝，届时便是你入相之时。"

可以说，李隆基这一处理方案还是很高明的，既优先考量了前线战事，也给李林甫留了足够的面子，又以入相之诺极大安抚了远行的杨国忠，可谓一举三得。毕竟，李隆基只是想渐进地用杨国忠换掉李林甫，但至少在此刻他对李林甫还是念及旧情的，希望好聚好散。

眼见自己寄予厚望的最后一搏落空，李林甫深悉大势已去，气结于胸，很快就病倒了。不久后，李林甫抱病随驾华清宫，病情急转直下。有巫师说，只要能面见皇帝，李林甫的病情就可以好转。巫师说的可能颇有些道理，李林甫病由心生，忧惧不已的是君心难测、圣宠不再。

李隆基起初已打算亲自探病，却被左右侍臣劝止，原因大概是会导致某种不吉利现象。李隆基的折中方案是，令李林甫的家人将他抬到庭院中，面朝华清宫，自己则登上华清宫的制高点降圣阁，朝着李林甫的方向挥舞一条红手帕，见红手帕就等于看到了李隆基。但李林甫此时已病得卧床不起，又或许绝望于侍奉了半辈子的皇帝薄情到吝于一面，总之只能让家人代拜谢恩。

李林甫在政治上已先于肉体死亡。其实李林甫病情甫一恶化，李隆基已派人快马召还赴蜀途中的杨国忠，就在挥舞红手帕的次日，杨国忠赶到华清宫见李林甫最后一面，谦恭地拜于病榻前。

李林甫将后事托付给杨国忠，欲以乞怜为家族求得脱祸，老泪纵横地说："林甫死矣，公必为相，以后事累公！"杨国忠听后"汗流覆面"，连称不敢。垂死时刻，李林甫仍然让杨国忠忌惮不已。

几天后，也就是天宝十一载十一月二十四日，李林甫病逝，终年七十岁，长达十六年的李林甫时代至死方休。李林甫足以自辩的是，他死于盛世之巅，当时谁能料及大乱将至，而所谓"祸之作，不作于作之日"也不过是后见之明。

关于李林甫之死，唐人笔记中丛生着各种咎征。《明皇杂录》说李林甫家中出现了两条由老鼠变成的大黑狗，"雄目张牙，仰视林甫"；《开天传信记》中说李林甫在家中看见了一个毛人，"遍体被毛，毛如猪立，锯牙钩爪三尺余"。极其相似的两个结局是，李林甫看到怪物之后不到一个月就死了。这两个传说自然于史无征，但从中可以看到的真实时代氛围是，李林甫在中唐以降的政治形象已极为不堪，被视作与怪物为伍的政治动物。

李林甫或许也知道人世间还有一种东西叫超脱，他在贺知章致仕时赋诗送别，似有所悟：

挂冠知止足,岂独汉疏贤。

入道求真侣,辞恩访列仙。

睿文含日月,宸翰动云烟。

鹤驾吴乡远,遥遥南斗边。

——《送贺监归四明应制》

但贺监的旷达不羁和清谈风流,李林甫终究一点儿都没学会。右相死前还想最后伸手抓住那一去不返的圣宠和权力,不知道闭眼那一刻他是否感到陡然轻松。

李林甫死后仅五天,杨国忠就被任命为右相,是为杨国忠时代。

第二章

杨国忠的预言
（天宝十二载至天宝十四载）

天宝十一载（752）的一个秋日，杜甫与岑参、高适、储光羲、薛据等五人在长安同登慈恩寺塔，也就是今天的大雁塔，五人相继赋诗。这是中国文学史上一件盛事，其光彩夺目可能仅次于李杜相遇。杜甫的《同诸公登慈恩寺塔》一开始就说，"高标跨苍穹，烈风无时休。自非旷士怀，登兹翻百忧"，这被后世解读为"乱源已兆，忧患填胸"。杜甫除了高塔远景以外，还看到了"尘昏满目"，痛感时局飘摇、天下将乱、盛世转瞬即逝。①

盛世将逝未逝之时，风暴将起未起之刻，是局中人最为焦虑的时刻，这不是唱衰，这是恐惧。当然，这并不妨碍帝国的大多数精英还在纵情声色，或麻木漠然，或及时行乐。

杜甫登高塔远望时，杨国忠也正登向唐帝国的权力之巅。天宝十一载十一月，杨国忠接任去世的李林甫为右相和中书令，大唐政治进入杨国忠时代。

杨国忠上台后，有人劝陕郡进士张彖去找门路投靠新相，说什么见了杨国忠，富贵立可图。张彖不屑地回答说："君辈倚杨右相如泰山，吾以为冰山耳。"太阳一出，冰山立化，到那时候投靠的人

---

① 参见莫砺锋《杜甫评传》，南京大学出版社，1993年10月第一版，81—85页。

就失掉靠山了。

杨国忠这座冰山只伫立了三年半时间，就崩裂于马嵬驿之变。

就盛世的终结，杨国忠和李林甫谁的责任更大，《资治通鉴》各打五十大板：李林甫"养成天下之乱"，杨国忠"终成其乱"。

这一评价固然一如既往地夸大了李林甫的罪责——即使是号称安史之乱"激发者"的杨国忠，偌大一个盛世，又岂是他以一人之力便可以毁掉的？

用美国历史学家芭芭拉·塔奇曼在《八月炮火》中的话说就是：旧世界的太阳正在西坠，虽日华灿灿，但已奄奄一息，行将一去不复返了。

一

杨国忠全面上位后的第一件事，就是彻底清算李林甫。

天宝十二载（753）初，杨国忠与安禄山合谋，诬告李林甫与叛将阿布思约为父子，意图谋反。安禄山还找到一个阿布思麾下的降将入朝作证，李隆基竟也信了，命有司审理。李林甫的女婿杨齐宣担心受到牵连，便迎合杨国忠出来指证岳父。这年二月，李隆基下令削去李林甫的官爵，子孙有官者除名并流放岭南、黔中，族人及亲信中有五十余人遭到牵连被贬。

最能显示李隆基凉薄的是，他还命人劈开李林甫的棺木，取出其口中含珠，剥下象征荣宠的金紫朝服，改用小棺，以庶人之礼下葬。李隆基或许认为，没有毁棺戮尸，没让李林甫死无葬身之地，已经算是君恩浩荡了。

对于李林甫谋逆一案，正史上的说法是"及国忠诬构，天下以为冤"，也就是说，连被李林甫戕害的士大夫集团都看不下去了。没错，李林甫至死追逐的都是李隆基的宠爱和信任，为此他不留后路地得罪太子，寄生于李隆基的皇权，又怎么会去反他安身立命的宿主？

杨国忠的执政能力相较李林甫有着全方位的差距，但他从李隆基那里获得的宠信却一点儿也不比李林甫少。由于直接掌握了一部分兵权，杨国忠的权力甚至比李林甫巅峰时期的还要大。[1]

李隆基为何将帝国托付给杨国忠这样一个中人之才？椒房之亲固然是一个原因，但论与贵妃的亲疏远近，杨家有的是比杨国忠更有血缘优势的人，真正飞黄腾达的却只有他一人。杨国忠的核心竞争力在于他的理财能力，或者说，聚敛能力。[2]

天宝七载（748），当时还叫杨钊的杨国忠上书李隆基，说天下太平，连年丰收，各地的粮仓都装不下了，干脆让他们把多余

---

[1] 参见阎守诚、吴宗国《唐玄宗》，三秦出版社，1989年11月第一版，196页。
[2] 参见许道勋、赵克尧《唐玄宗传》，人民出版社，2015年3月版，444—445页。

的粮食都卖掉，换成布帛输送到长安来。

这个藏富于国库的想法立即打动了李隆基，他马上批准执行。在短时间内，各地输送的布帛就挤爆了长安专门储藏钱帛的左藏库，不得已又加盖了几百间仓库。

天宝八载（749）二月，李隆基应杨国忠所请，带着百官去左藏库参观。盛世天子什么大世面没见过，但仍然被这"古今罕俦"的充盈府库震惊了，从此视杨国忠为理财奇才，并将挥霍无度当作帝国的美德。

李隆基如此渴求金钱，需要杨国忠的理财能力，除了供个人挥霍之外，还跟他热衷赏赐宗室贵戚有关。这其中自然也很有一些道理：他需要用钱去赎买统治集团内的忠诚，他对宗室的权力以及对外交往控制防范极严，但散财的尺度和魄力却也极大。

但最花钱的还是打仗。天宝时代，唐朝的军费开支相较开元中期增加了五六倍[1]。在开边这个问题上，好大喜功的李隆基和热衷边事的杨国忠一拍即合。杨国忠完美契合了皇帝的开边偏好，又能搞来军费，对于此时的李隆基来说，再没有比杨国忠更对路的首席宰相了。这也正如白居易《新丰折臂翁》一诗中的最后四句："又不闻天宝宰相杨国忠，欲求恩幸立边功。边功未立生人怨，请问新丰折臂翁。"

---

[1] 参见阎守诚、吴宗国《唐玄宗》，三秦出版社，1989年11月第一版，144页。

李隆基究竟有多好战？天宝中后期，在李隆基直接或间接的推动下，唐帝国在数个战略方向都卷入了大规模战争。天宝八载，哥舒翰强攻那座王忠嗣不肯打的石堡城，据称，为了拿下这座建在悬崖上、只有一条小路通往山下的险关，唐军以数万人的伤亡为代价，换得俘虏了区区四百吐蕃守军的战果。当然，唐军数万人的伤亡数字可能存在一些水分。对于这得不偿失的惨烈一战，李白在《答王十二寒夜独酌有怀》一诗中忍不住嘲讽道："君不能学哥舒横行青海夜带刀，西屠石堡取紫袍。"

李隆基或许也想效法曾祖李世民，成为凌驾四夷君长之上的"天可汗"或是内亚之主，但他的野心受制于"帝国过度扩张"的魔咒。这正如保罗·肯尼迪在《大国的兴衰》中的观点，对外过度扩张所耗费的资源超过了因此产生的潜在收益。

所谓帝国的荣耀，不过是欲望的囚徒。

仅在天宝十载（751）这一年，唐帝国就打了三场大仗，更准确地说，是三场惨败。这或许暗示着，至少以开边和武功而言，盛唐的气运跌落于天宝十载。

第一战，征讨南诏。这场仗是剑南节度使鲜于仲通直接打的，但由于剑南属于杨国忠的势力范围，所以杨国忠才是这场战争的幕后主导。唐军出师前，南诏王阁罗凤遣使谢罪，提出愿意归还所占领土，但鲜于仲通拒绝接受求和，继续挥师进攻，却在决战中惨败于阁罗凤，八万唐军几乎片甲不留，据说战死者就高达六万人，"仲通仅以身免"。战后，杨国忠讳败为胜，对李隆基封锁真相，甚至还堂而皇之地为鲜于仲通请功；而南诏一面将唐军战死者筑为"京观"——也就是一种用尸骨堆成的恐怖高冢——以炫耀武功，一面自知与唐朝交好再无可能，索性彻底倒向吐蕃。

第二战，安禄山征契丹。安禄山为邀功请赏于长安，投李隆基所好，在东北频频对契丹和奚主动出击。天宝十载八月，安禄山大军又一次远征契丹，不仅远来疲惫，又遇大雨，麾下的两千奚人骑兵还临阵倒戈，六万大军几乎伤亡殆尽，安禄山"独与麾下二十骑走"，马鞍中箭，鞋也丢了，狼狈至极。安禄山战败后连杀两名部将泄愤，史思明见状躲入山谷，暂时未与安禄山联系，致力于归拢溃兵。二十天后，史思明带着七百溃兵去投奔失魂落魄的安禄山。安禄山此时正窘迫无计，看见失散的史思明竟带兵来投，大喜过望，一把抓住史思明的手感慨地说："吾得汝，复何忧！"史思明之后对身边人说："我要是早几天回来，主公正在气头上，我可能早已被杀头了。"这可能是史思明崛起于安禄山集团内部的重要节点，也可见史思明的精明干练。

第三战，怛罗斯之战。在安西四镇节度使高仙芝的率领下，总人数三万左右、以两万安西军为主体的唐蕃联军，经过七百余里的长途跋涉，在位于葱岭（今帕米尔高原）以北的怛罗斯，与以逸待劳的大食（即阿拉伯帝国）军队遭遇。大食军的人数可能高达十万，唐军凭借素质优势还是与对方难分胜负地相持了五天，但唐军盟友葛逻禄人突然反戈一击，与大食军前后夹击唐军，唐军全线崩溃，高仙芝带着数千唐军残部侥幸脱险，亲手葬送了自己横扫小勃律、一战平石国的"山地战之王"的威名。

在西方史学家笔下，怛罗斯之战并没有中国人认为的那么有重大历史转折性，其战斗本身是一场遭遇战，后续也没有戏剧性地引发唐帝国与阿拉伯帝国的中亚大博弈或百年争霸，甚至此后唐朝势力在中亚西域一带的大规模战略收缩也和怛罗斯之败没有太多干系。战后唐军仍然控制着西域，战略大收缩主要还是因为安史之乱后的回师勤王所致。如果不是安史之乱，那么元气渐复的大唐安西军依然有实力再次和阿拉伯人会猎中亚，一较长短。

在怛罗斯之战被俘的上万唐军中，有个人叫杜环。杜环作为战俘，在西亚、北非一带开始了他的奇幻漂流，在巴格达、叙利亚、君士坦丁堡、埃及、摩洛哥和埃塞俄比亚等地都留下了足迹，成为历史上第一个有名可指、有史可查的到过非洲的中国人。

宝应元年（762）夏天，杜环乘船归国，写了一本叫《经行记》的书，详细记载了自己历时十年的横跨亚非之旅。可惜的是，该书失传已久，如果不是其族叔杜佑曾在《通典》中引用《经行记》，就没有存世至今的一千五百余字的"残卷"。

也是在这一年，李隆基、李亨和李白同年去世，安史之乱进入尾声。

二

作为高仙芝的幕僚，岑参并没有跟着去怛罗斯，躲过了战败等一连串厄运。

天宝八载（749），蹉跎半生的岑参挥别长安，西出阳关奔赴安西，任高仙芝的掌书记。这一年，他三十五岁。

正当岑参盼望着仕途能够通过追随高仙芝扶摇直上时，高仙芝因怛罗斯战败被解除了安西节度使之职，无枝可依的岑参只得东归长安。

盘桓长安期间，天宝十一载（752）秋，岑参同杜甫等五人一同登上了大雁塔。登塔时的岑参沉浸在佛理的超脱虚空之中，大有勘破了仕途浮沉的意思：

> 净理了可悟，胜因夙所宗。
> 誓将挂冠去，觉道资无穷。
> ——《与高适薛据登慈恩寺浮图》（节选）

岑参的"誓将挂冠去"终究只是说说。盛唐诗人的经典套路，就是酒醉时、愤懑时写诗表达出世的哀莫大于心死，但常态还是忍不住谈家国情怀和仕途追求。

天宝十三载，岑参得到了任北庭都护、伊西节度使封常清的赏识，义无反顾地跟随这位伯乐再度出塞。在北庭，岑参见证了封常清带给盛唐的最后军事荣耀，写下了《献封大夫破播仙凯歌六首》，满满的壮怀激烈。

天宝十三载，岑参还写下了号称盛唐边塞诗压卷之作的《白雪歌送武判官归京》，这种慷慨豪迈、奇伟壮丽只属于盛唐：

> 北风卷地白草折，胡天八月即飞雪。
> 忽如一夜春风来，千树万树梨花开。
> 散入珠帘湿罗幕，狐裘不暖锦衾薄。
> 将军角弓不得控，都护铁衣冷难着。
> 瀚海阑干百丈冰，愁云惨淡万里凝。
> 中军置酒饮归客，胡琴琵琶与羌笛。
> 纷纷暮雪下辕门，风掣红旗冻不翻。
> 轮台东门送君去，去时雪满天山路。
> 山回路转不见君，雪上空留马行处。
>
> ——《白雪歌送武判官归京》

天宝十一载秋，与岑参、杜甫等人一起登上大雁塔的还有高适，他也和岑参一样作看破红尘、无心仕途状，说什么"盛时惭阮步，末宦知周防"。这一年，他已四十九岁。八年前，高适曾是李白、杜甫这两位巨星相遇的见证人。

登塔后没多久，落魄半生、报国无门的高适甚至比岑参更快找到了自己的伯乐——在这一年秋冬之季，高适追随哥舒翰一路向西，到河西节度使幕府任掌书记。高适西行前，为他送行的杜甫写下了《送高三十五书记》，诗中有深情厚谊，也艳羡有加。

天宝十二载（753），哥舒翰率大军从吐蕃手里收复九曲（今青海、甘肃相邻处），被李隆基进封为西平郡王，与安禄山的东平郡王东西双峰对峙。

高适为西平郡王写下《九曲词三首》，雄壮不下岑参：

> 许国从来彻庙堂，连年不为在疆场。
> 将军天上封侯印，御史台上异姓王。
>
> ——《九曲词三首》之一

在天宝末期，高适和岑参都选择了将自己的个人命运与帝国开疆捆绑在一起，是吉卜林式的"帝国鼓手"。

皇帝好大喜功，宰相逢君之恶，边将建功心切，诗人歌颂军功，在彼时的大唐边疆，皇帝、宰相、边将和诗人组成了一个自驱动的盛世军功名利链，日夜旋转，将开边大业次第推向国力极限，直至反噬盛世。

杜佑在《通典》中一语中的："我国家开元、天宝之际，宇内谧如，边将邀宠，竞图勋伐。"

在这样畸形的政治生态下，可以用和谈解决的边境争端被激化成了战争，规模不大的边境战争被升级成了生灵涂炭的大战。

在盛唐歌颂军功的边塞诗中，高适的《李云南征蛮诗》可能是争议性最大的。争议不在于高适创作水平如何，而在于他居然赞颂了一场由杨国忠主导的"邀宠"之战，更别说，这还是一场惨败："圣人赫斯怒，诏伐西南戎。肃穆庙堂上，深沉节制雄……廉蔺若未死，孙吴知暗同。相逢论意气，慷慨谢深衷。"在高适笔下，杨国忠和败军之将李宓竟有了古之贤相名将之风采。

天宝十三载（754）六月，杨国忠为报三年前征伐南诏惨败之仇，在各项战备工作都不充分的状况下，强行派李宓率七万大军二征南诏。南诏见唐军势大，采取坚壁清野、闭城不战的策略。待到远征军粮尽，士兵因为疫病和饥饿而死的人数达到了十之七八，李宓只得被迫撤军，途中又遭到了南诏军队的追击，唐军险些全军尽没。

两征南诏，唐军前后的损失高达十余万人，《资治通鉴》甚至说"前后死者几二十万人"。如果说唐对西北用兵尚兼具巩固国防和大国争霸的双重功能，那么两征南诏就是典型的"邀宠"式穷兵黩武，是杨国忠在天宝末年破坏性最大的误国乱政之一。两场败仗，不仅破坏了政治生态，还耗尽了盛唐的最后元气，在安史之乱的前夜平白损失了一支本可用于平叛的生力军。

为这样一场不义之战和惨败写赞歌，高适将自己和边塞诗均置于一个尴尬的处境。事实上，在盛唐边塞诗人笔下，歌颂军功自然是他们的正统人设，或许也可以视作"职务行为"，但他们对战争的态度也是时有游移踯躅的。比如号称边塞诗人先驱的王昌龄，笔下不仅有"但使龙城飞将在，不教胡马度阴山""前军夜战洮河北，已报生擒吐谷浑""黄沙百战穿金甲，不破楼兰终不还"这样奋发进取的句子，也有"忽见陌头杨柳色，悔教夫婿觅封侯"这样的"反边塞"句子。

不仅是边塞诗人，对于玄宗朝无休止的开边，李白和杜甫也始终在犹疑与抵牾着。李白写过《塞下曲》和《从军行》这样的类边塞诗，也有过"横行负勇气，一战净妖氛""汉家兵马乘北风，鼓行而西破犬戎""愿将腰下剑，直为斩楼兰""不然拂剑起，沙漠收奇勋"之类的铁血句子。

杜甫写过求官诗《奉赠鲜于京兆二十韵》，这位鲜于京兆就是一征南诏的主事者鲜于仲通；也曾写下《投赠哥舒开府翰二十韵》，吹捧哥舒翰是玄宗朝第一名将。困顿中的杜甫很可能是受到了先行者高适的刺激，明确表达了也想追随哥舒翰西行建功的意愿。当开边成为帝国最大的政治，有志于仕途的士人就不得不将自己的政治命运向开边靠拢，此时所谓价值观往往就不是优先级。昨日写诗暗讽，今日投诗求官，这不仅是常态，也并没有后世想象得那么龌龊和精神分裂。这也正如菲茨杰拉德在《了不起的盖茨比》中所说："检验一个人的智力是否属于上乘，只需看其脑子里能否同时容纳两种相反的思想而无碍于其处世行事。"

在盛唐诗人中，人设和边塞诗人最不搭的可能就是富贵闲适、寄情辋川的王维了。但他也有若干首边塞诗，有些甚至还列为边塞经典：

单车欲问边，属国过居延。
征蓬出汉塞，归雁入胡天。
大漠孤烟直，长河落日圆。
萧关逢候骑，都护在燕然。

——《使至塞上》

就字面意义而言，边塞诗人最符合"诗和远方"的定义，但他们奔赴远方却是为了功业名利，身在边塞却心系长安。

在盛唐时代，"开边"并非是一个简单的褒义词或贬义词，李杜身上也有着盛唐诗人共有的那种万丈豪情，他们也曾醉心于盛世军功，或者说，李杜反对的不是战争本身，而是天宝末年愈演愈烈的兵连祸结。

将李杜定义为"反战诗人"很可能是后世的阐释过度、主题先行了，但无论历史情境多么复杂，盛唐时代最激烈、最痛切的"反战诗"就分别出自李杜手中：

去年战，桑干源，今年战，葱河道。
洗兵条支海上波，放马天山雪中草。
万里长征战，三军尽衰老。
匈奴以杀戮为耕作，古来唯见白骨黄沙田。
秦家筑城避胡处，汉家还有烽火燃。
烽火燃不息，征战无已时。
野战格斗死，败马号鸣向天悲。
乌鸢啄人肠，衔飞上挂枯树枝。
士卒涂草莽，将军空尔为。
乃知兵者是凶器，圣人不得已而用之。

——李白《战城南》

车辚辚，马萧萧，行人弓箭各在腰。
耶娘妻子走相送，尘埃不见咸阳桥。
牵衣顿足拦道哭，哭声直上干云霄。
道旁过者问行人，行人但云点行频。
或从十五北防河，便至四十西营田。
去时里正与裹头，归来头白还戍边。
边亭流血成海水，武皇开边意未已。
君不闻，汉家山东二百州，千村万落生荆杞。
纵有健妇把锄犁，禾生陇亩无东西。

况复秦兵耐苦战，被驱不异犬与鸡。

长者虽有问，役夫敢申恨？

且如今年冬，未休关西卒。

县官急索租，租税从何出？

信知生男恶，反是生女好。

生女犹是嫁比邻，生男埋没随百草。

君不见，青海头，古来白骨无人收。

新鬼烦冤旧鬼哭，天阴雨湿声啾啾。

——杜甫《兵车行》

三

天宝十三载（754），七十岁的李隆基志得意满地俯视着他的盛世。这一年，帝国的户口统计结果为五千二百八十八万零四百八十八人，达到了有唐一代的最高峰。从数据上而言，天宝盛世已然超越了开元盛世。

李隆基对高力士说："朕今老矣，朝事付之宰相，边事付之诸将，夫复何忧！"高力士给出了一个预言家式的警示："臣闻云南数丧师，又边将拥兵太盛，陛下将何以制之！臣恐一旦祸发，不可复救，何谓无忧也！"

这已经是高力士第二次做类似的劝谏，上一次还是十年前（天宝三载，744），那时李隆基想要放权给李林甫。

相比李林甫时代，李隆基又老了几岁，无论是主观上的倦政情绪，还是客观上的精力衰退，他都不可能孜孜求治、事必躬亲。更何况，在天宝五载（746）和天宝九载（750）两次"贵妃出宫风波"之后，李隆基和杨玉环的情爱完成了最后的磨合，感情日笃，试想英雄迟暮日，不住温柔住何乡？

《霓裳羽衣曲》是李杨恋中最有辨识度的一个元素，即《长恨歌》中所谓"渔阳鼙鼓动地来，惊破霓裳羽衣曲"。《霓裳羽衣曲》并不是一首中国本土舞曲，很可能源于天竺的《婆罗门曲》，由河西节度使进献给宫廷，精通音律且擅长琵琶、羯鼓的李隆基润色改编，配以歌词后改名为《霓裳羽衣曲》。在曲子的基础上，据说杨玉环亲自编舞，完成了"霓裳羽衣舞"，而后又有了醉舞霓裳一说。李白曾有诗云："日晚却理残妆，御前闲舞霓裳。谁道腰肢窈窕，折旋笑得君王。"可以说，霓裳羽衣舞曲的创作与风行，既是李隆基和杨玉环这对歌舞知音的爱情结晶，也是对盛世的盛大献祭。①

在《霓裳羽衣曲》的歌舞升平中，李隆基和杨玉环在兴庆宫和华清宫中不知今夕何夕。

---

① 参见许道勋、赵克尧《唐玄宗传》，人民出版社，2015年3月版，404—407页。

但倦政绝不等于放弃权力，甚至也不等于无为而治，李隆基也试图在超脱于日常政治与掌控核心权力之间找一个平衡点。以此而言，"朝事付之宰相，边事付之诸将"并不是李隆基一时心血来潮之语，而是可以理解为他着眼于天宝时代后期而精心设计的政治架构。

在这一政治架构下，右相杨国忠作为朝廷中枢的权力代表与边将掌控的藩镇军事集团互相制衡；而在边将这里，尽管东平郡王安禄山的东北边防军是帝国实力最强的军事集团，但以西平郡王哥舒翰为首的西北边防军作为唐帝国第二大军事集团，也可以制约、牵制安禄山。

因此，作为天宝后期李隆基的两大宠臣，杨国忠和安禄山的激烈政治斗争固然是争权夺利之举，但背后也贯彻了李隆基互相制衡的政治意志。当然，就像当年李林甫对太子李亨的打压一样，李隆基希望杨国忠和安禄山的政治竞争也是有限度的，毕竟你死我活本身也破坏了制衡，但这两人后期斗争之激烈的确脱离了李隆基的掌控，甚至成为安史之乱爆发的触因之一。

说起来，杨国忠刚刚登顶右相时，他和安禄山还算是亲密的政治盟友。两人联袂制造了清算李林甫的冤案，安禄山提供了定性李林甫谋逆至关重要的"伪证"。这也可以理解为一次联手"反噬"，就安禄山和杨国忠的政治崛起而言，李林甫算得上是他们的恩主。

完成清算李林甫后，杨国忠和安禄山似乎立即分道扬镳。

在某种程度上，李林甫算是安禄山的政治偶像，这倒不是因为李林甫对他有提携之恩，而是因为他敬畏李林甫的权谋，《资治通鉴》的说法是"安禄山以李林甫狡猾逾己，故畏服之"；而与此同时，安禄山很看不上杨国忠，甚至可以说是蔑视。

安禄山之所以敢与杨国忠这个当朝首相缠斗，至少有两大底气。

第一，军事实力。安禄山的东北边防军是天宝末年唐帝国的第一大军事集团，在天下总共四十九万人的边军兵力中，安禄山一家就有十八万三千九百人，且安禄山军以对他个人效忠的胡人兵将为主，对长安政权本来就无多少认同感。更重要的是，李隆基时代的军事体制渐趋于"内轻外重"，唐军精锐集中在边境地区开疆拓土，而在内地特别是以长安为中心的统治腹地，军力部署却极其空虚，兵力不足且战斗力堪忧。

倒不是说安禄山一定会凭借这支部队造反，而是说安禄山的超强军事实力确保了他在帝国政界的地位，"军功导向"的李隆基也势必更加倚重安禄山，以加大授权来换取盛世天子最渴望的武功。

第二，李隆基与贵妃的宠幸。在安禄山看来，杨国忠的政治才能比李林甫差远了，最大的政治依托无非就是身为贵妃亲戚，陛下对他是爱屋及乌罢了。由此，安禄山的应对就是双管齐下。

对李隆基，安禄山不断建构并强化胡人式的愚忠人设，表忠心怎么直白怎么来，和汉人的弯弯绕绕形成了错位竞争，令素来缺乏政治安全感的李隆基得以满足忠诚饥渴。参加朝会时，安禄山见太子不拜，还自称"只知陛下，不知太子"；李隆基调笑三百三十多斤的安禄山肚子大，问他肚子里装了什么，安禄山一本正经地回答"更无余物，正有赤心耳"，令李隆基龙颜大悦。

生性多疑的李隆基对安禄山的宠信接近无条件信任，被幽闭在自己的意识里，以正常的政治逻辑的确无法充分诠释，因此，当野史逸闻引入了一些神秘主义时，会格外有深入人心的效果。比如，在唐人姚汝能笔记《安禄山事迹》中，就有两则怪力乱神：

李隆基在兴庆宫勤政楼举行宴会时，百官列坐楼下，却给安禄山在御座旁边安排了一个单独的位子，中间用金鸡羽毛制成的屏障隔开，这就是历史上有名的"金鸡障"。太子李亨看不过去，向李隆基进谏说："自古正殿，无人臣坐之礼，陛下宠之太甚，必将骄也。"李隆基神秘地将儿子喊到面前说："此胡骨状怪异，欲以此厌胜之耳。"所谓"厌胜"，就是李隆基想以"金鸡障"为法术克制安禄山的异相。

在李隆基的一次夜宴中，安禄山醉倒在宫中，化为"一黑猪而龙首"，李隆基知道后说"猪龙也，无能为者"，从此对"猪龙"安禄山就放心了。

除了"猪龙"，在唐人笔记《因话录》中，安禄山还被幻化为"无尾狐"：据说李亨想趁打马球的机会除掉安禄山，但李隆基以

"吾非不疑，但此胡无尾"为由让李亨按兵不动。无尾狐也好，无尾龙也好，无尾怪物也好，总之李隆基认为安禄山因"无尾"而失去了威胁。

在神秘主义的逻辑里，既然李隆基相信安禄山已经被"猪龙""无尾"和"金鸡障"压制了，那么在现实政治中，自然可以当作天下无事了，你有"曳落河"①，我有"金鸡障"。

对杨贵妃，安禄山则大打"亲情"牌，你杨国忠不就是贵妃家的远房堂哥嘛，那么我安禄山就做贵妃的干儿子。比安禄山小十六岁的杨贵妃很高兴地收下了这个义子，还让宫女给安禄山洗澡，模拟当时给婴儿祈福的"洗三"仪式。洗完澡后，又用锦绣包裹住安禄山，放在一个彩轿上抬着在御花园中巡游。从此，后宫都称安禄山为"禄儿"，授予他任意出入的权利。还有一个著名的桥段是，安禄山每次去见李隆基和杨贵妃，都是先拜贵妃，李隆基很是诧异地询问，安禄山的回答是"我们胡人的礼仪是先母后父"，不仅讨好了贵妃，还强化了他的愚忠人设。

野史说，杨玉环和安禄山有私情，所谓证据很大程度上就来自洗澡事件，本来一笑了之即可，但《资治通鉴》竟然还对此有所发挥，"自是禄山出入宫掖不禁，或与贵妃对食，或通宵不出，颇有丑声闻于外，上亦不疑也"。

---

① "曳落河"是突厥语"壮士"之意，指安禄山手下的八千勇士亲卫。

所谓秽乱后宫于史无征，杨玉环和安禄山的"亲情"可能有特殊的原因维系：两人都擅长"胡旋舞"——一种来自西域，旋转而跳的舞蹈。白居易在《胡旋女》一诗中甚至说杨玉环和安禄山是大唐最擅长跳胡旋舞的两个人，"中有太真外禄山，二人最道能胡旋"。安禄山虽然是个三百多斤的胖子，但《旧唐书》说安禄山"至玄宗前，作胡旋舞疾如风焉"。有学者猜测称，安禄山是杨玉环的胡旋舞舞蹈教练，"男子指导女子舞蹈，特别是做快速旋转的动作之时，难免有肢体接触"，因此才有了绯闻。[1]

有种说法是，胡旋舞之"胡"，并非泛指全体胡人，而是特指粟特人，可以说，胡旋舞就是粟特人的民族舞蹈。[2] 因此，作为粟特人的安禄山，精通胡旋舞也就没什么奇怪的了。

安史之乱后，胡旋舞意外地成为盛世颓弛的祸首之一，帝国精英甚至视之为亡国之舞。比如白居易在《胡旋女》一诗中就说"禄山胡旋迷君眼，兵过黄河疑未反。贵妃胡旋惑君心，死弃马嵬念更深"，元稹也有"天宝欲末胡欲乱，胡人献女能胡旋。旋得明王不觉迷，妖胡奄到长生殿"的攻讦。背后的偏激逻辑无非是，安禄山、史思明是胡人，胡旋舞是胡人的舞蹈，这些胡人、胡舞、

---

[1] 参见张国刚《胡天汉月映西洋：丝路沧桑三千年》，生活·读书·新知三联书店，2019年2月第一版，196页。

[2] 参见［日］石田干之助《长安之春》，钱婉约译，清华大学出版社，2015年9月第一版，14页。

胡风"迷君眼、惑君心",搅乱了盛唐气象,引发了天下大乱。此种仇胡论和将安史之乱归咎于贵妃的女祸论一样充满了牵强附会和似是而非,盛唐的开放心灵随着盛世终结而走向封闭,将胡风与安禄山一起打入了历史另册。

李隆基对安禄山的宠信也是带有笼络性质的,他放任杨贵妃收安禄山为干儿子,态度上至少是乐见其成的,希望用"皇家亲情"来缓解安禄山的忠诚危机。而杨贵妃呢,从史料上看,她与安禄山的关系甚至比与杨国忠还要密切,客观上配合了李隆基的羁縻之策。

安禄山固然对唐帝国构成了某种隐患,但杨国忠更警惕的显然是安禄山对他右相之位的威胁。说白了,他与当年的李林甫一样,时刻处于对权位的不安全感之中。

对此,杨国忠也做了三方面的政治布局。坦白说,杨国忠虽然治国水平一般,严重缺乏大局观,除了理财天赋之外基本上一无是处,但他的宫廷权谋的确得到了李林甫的部分真传。

第一,反复预言安禄山必反。杨国忠从天宝十二载(753)一直预言到天宝十四载(755),将李隆基从付之一笑说到半信半疑。

杨国忠绝不算什么吹哨人,他的预言更多是为个人权位所计,与其说防的是安禄山造反,不如说防的是安禄山入相,你甚至可以说,杨国忠对安禄山的预言是预期的自我实现,落入了索罗斯反身性理论的窠臼。安禄山某种程度上是被杨国忠"逼反"的:

既然杨国忠说得连皇上都信了,那安禄山为生死存亡计,也就不得不做一些预留造反选项的开放性应对之策,这反过来又让杨国忠的预言看起来更有可信度,从而又进一步逼得朝廷的打压更加趋于显性,最终在各种"不得不"中和安禄山"联手制造"了"渔阳鼙鼓动地来"。

当安禄山起兵的消息传入长安时,杨国忠甚至荒诞地有些"我早说了吧"的得意感,却不知死期将近。

第二,联手哥舒翰反制安禄山。哥舒翰的西北边防军是仅次于安禄山所部的第二大军事集团,同为胡人边将的哥舒翰与安禄山又是武人相轻的政敌,是杨国忠天然的战略盟友。出于拉拢哥舒翰的考虑,也为了增强西北边防军与安禄山抗衡的实力,杨国忠助力哥舒翰以陇右节度使又兼领河西节度使,并赐爵西平郡王,至少在明面上形成了东西对峙的局面。

不过,杨国忠和哥舒翰几年后也将骤然走向交恶,这是后话了。

第三,经营大本营剑南(蜀地)。杨国忠深知自己的软肋是兵权,尽管有了哥舒翰作为军事盟友,但直接掌控一支强军自然更能增加自身与安禄山斗法的砝码。杨国忠一直将剑南作为势力范围经营,不仅曾遥领剑南节度使一职,还在剑南军政两界安插了不少亲信。为了在剑南建立军功以增强自己的军政地位,杨国忠先后在天宝十载(751)和天宝十三载(754)策动了征伐南诏之战,但两次均遭惨败,不仅没有得到他希冀已久的军功,反而损失了本可用于参与平定安史之乱的"杨家军",进一步放大了杨国忠的军权劣势。"事实证明,杨国忠对剑南的经营是非常失败的,完全没有收到想要的效果。"①

除了李隆基之外,杨国忠最大的政治仰仗其实是虢国夫人,而不是杨贵妃。特别是在杨国忠与李林甫争斗之时,"虢国居中用事,帝所好恶,国忠必探知其微"。也就是说,虢国夫人不仅帮助杨国忠融入了外戚圈,还替杨国忠打探深宫隐秘。

据说这两兄妹在四川时,就有私通的秘史,初到长安时,杨国忠就投宿于寡居的虢国夫人家中。杨国忠得势之后,干脆也在宣阳坊虢国夫人家隔壁建了一座巨大的宅第,"栋宇之盛,两都莫比"。杨国忠的夫人叫裴柔,给他生了四个儿子,但这位杨夫人据说出身蜀中娼妓,显然只能对杨国忠的绯闻放任自流。

从此,杨国忠就与虢国夫人过起了近乎同居的甜腻生活,杜甫在《丽人行》一诗中曾有"杨花雪落覆白苹,青鸟飞去衔红巾"之句,被视作影射杨国忠与虢国夫人的暧昧关系。

《资治通鉴》说这两人在大街上公然打情骂俏,"昼夜往来,无复期度,或并辔走马入朝,不施障幕,道路为之掩目";但《新唐书·杨国忠传》的说法就显得有些卫道士的无趣了,"施施若禽

---

① 参见[加]蒲立本《安禄山叛乱的背景》,丁俊译,中西书局,2018年4月第一版,167页。

兽然，不以为羞，道路为耻骇"。

虽说当时长安民间将杨国忠讽为"雄狐"，但讽刺归讽刺，未必就带有多少道德批判的意味，唐代男女关系毕竟更放任自由。

或许，杨国忠把自己当作张易之、张昌宗，把虢国夫人当作武则天一样来伺候。

除了宫廷的裙带关系之外，杨国忠的政治地位其实并不稳固，外与安禄山交恶也就罢了，对内也因为当年协助李林甫几次三番地倾覆东宫，与李亨的关系早已势如水火。

因此，杨国忠虽然是一个妄人，但他也很清楚自己将要面临的政治危机。他甚至给本人与家族的享乐无度找了一个很宿命及得过且过的理由："然念终不能致令名，不若且极乐耳。"这像极了当年李林甫对忧心忡忡的儿子说的那句话："势已然，可奈何？"

在及时行乐的价值观下，杨国忠家族的奢靡风气直追宫廷，《旧唐书·后妃传》中就写着，"开元已来，豪贵雄盛，无如杨氏之比也"。仅在《开元天宝遗事》中，就记录了至少十处杨家炫富的段子："楼车载乐"（每逢游春之际，以大车结彩帛为楼，上载女乐数十人）、"千炬烛围"（上元夜时，杨国忠子弟各有千炬红烛，围于左右）、"百宝栏"（百宝装饰花园栏杆，内养御赐芍药）、"四香阁"（用沉香木建楼阁，用檀香木为栏，墙上涂有麝香和乳香）、"肉阵"（在冬天挑选身材丰腴的婢妾，走在前面为杨国忠遮风取暖）、"凤炭"（将蜂蜜加入炭屑中，捏成凤凰的形状，冬天时烧火取暖)、"移春槛"(春天时,将名花异木种植在花车中,让人牵着移动,有点儿花车巡游的意思)、"冰山避暑"(夏天时,将大冰块雕琢成山的形状,放在宴席周围降温)、"游仙枕"(据说卧于此枕,则天下尽在梦中呈现)、"锁子帐"……

如此浮华奢靡,前所未有。

四

李白甚至险些成为安禄山的入幕之宾。

天宝十一载(752)秋冬间,也就是杨国忠登顶右相那段时间,李白孤身来到安禄山治下的幽燕地区。李白此行的主要触因是,他的朋友何昌浩前一年从幽州写信过来,意气风发地描述了他在安禄山麾下的从军生涯,牵动了李白长久以来被喝酒和修道压制着的建功立业之志。他终究忘不了天宝初年在长安宫廷的荣耀与败走,年过五十的他也明白,这可能是他最后的从军建功的机会。[1]

李白不可能不知道,无论是追随安禄山,还是远赴幽燕地区,都存有巨大的风险。据说李白的第二任妻子宗夫人强烈反对夫君

---

[1] 参见[美]哈金《通天之路:李白传》,汤秋妍译,北京十月文艺出版社,2020年2月第一版,247—249页。

的幽燕之行，但她拦不住一直都是无脚鸟的李白。

宗夫人深深依恋着比她大二十多岁的李白。天宝九载（750），他们在位于睢阳一带的梁园结婚，巧合的是，这里正是六年前李白、杜甫、高适三人同游之地。李白和宗夫人甚至还有一个"千金买壁"的爱情传说：早在李白、杜甫、高适的那次梁园行时，宗小姐就对李白情根深种，花一千两银子买下了李白题写《梁园吟》的那面墙。当然，这很可能只是个传说。

纵然"梁园之恋"有万般美好，刚刚安顿下来的李白结婚一年后就已按捺不住远游的生命冲动，正应了那句也出自梁园的典故：梁园虽好，不是久恋之家。

李白从来都不是一个很有家庭归属感的男子，这样的评价或许过于现代了，日本女学者笕久美子甚至将李白视作渣男，认为"李白身为一家户主，或作为一位丈夫，是指望不上、靠不上的；他是一个对家庭不负责任、与家庭不相称的人"[1]。哈金说的可能更有同理心："李白的家园实际上永远是在途中，诗人生命的本质存在于无尽的漫游中。"[2]

李白和宗夫人的婚姻是基于互相爱恋，除了诗歌，两人还有

---

[1] 参见［日］笕久美子《李白结婚考》，转引自周勋初《李白评传》，南京大学出版社，2005年4月第一版，126页。

[2] 参见［美］哈金《通天之路：李白传》，汤秋妍译，北京十月文艺出版社，2020年2月第一版，244页。

共同的宗教信仰，宗夫人的道教修为甚至比李白还要深。宗夫人的师父叫李腾空，是李林甫之女，李白对所谓"奸相之女"这层关系并不在意，他曾陪宗夫人去深山探访李腾空，还给李腾空写过两首诗。

宗夫人也是宰相之后，或者说也算是奸相之后，她的祖父宗楚客曾三任宰相，被即位前的李隆基在政变中诛杀。说起来，李白的结发妻子许氏也是相府之女，许夫人的祖父是唐高宗时代的宰相许圉师。李白与婚内身故的许夫人生了两个孩子，男孩叫伯禽，女孩叫平阳。

李白两度联姻相府，这当然不是什么巧合，但也并非是什么攀附权贵，这两家相府也都处于某种失势状态，并不能对李白的仕途有所助益。李白的这种婚姻偏好，可能更多的是满足他对门第观念的认同和向往。玄宗朝虽是世家大族权力渐趋衰落之时代，但在文人的观念中，门第仍然保有其重要地位。李白同时代的盛唐诗人中，王维出身河东王氏，杜甫出身京兆杜氏，崔颢出身博陵崔氏，王之涣归宗太原王氏，都是根基深厚的望族。李白虽生性豁达潇洒，但始终勘不透"门第"这一关，出道时便自称陇西李氏之后，和李唐皇室共享飞将军李广这个祖先，但很多证据表明，李白家族很可能存在冒称和攀附大族之嫌，即使在同时代，李白这个"陇西李氏之后"恐怕也是世家子弟口中的哂笑对象。

在此种缺乏世家认同的情境之下，李白在婚姻选择上更加偏好望族，也就不难理解了，很可能是心理补偿大于功利考虑。当然，这和李白追求爱情也并不那么矛盾。为了联姻名门，李白甚至不惜做赘婿，有种流行的说法是，李白这两次婚姻都是入赘相府，两次婚后都住在女方家里，因此再婚时也没能把伯禽和平阳接到身边。①

但人之为人，李白身上自然也有功利的一面。李白的幽燕之行本就是奔着安禄山去的，可以这么说，如果他发现安禄山并没有造反之意，李白至少并不排斥追随安禄山这个选项，否则他又何必千里走单骑。从本质上，这和高适追随哥舒翰、岑参入幕封常清并无多少区别——依依眷恋仕途而已。

如果执意认为李白起意追随安禄山是件有辱斯文之事，那么人设更为至正的杜甫也曾在《进〈封西岳赋〉表》一文中吹捧杨国忠"维岳授陛下元弼，克生司空"，但这显然也无损于杜甫此前在《丽人行》中对杨氏家族的尖锐刺讥："炙手可热势绝伦，慎莫近前丞相嗔！"杜甫愤恚权贵是真，求官心切也是真。在侘傺困顿甚至生计无着的状态下，不加选择地求官于各方权贵本就是盛唐诗人的共同行为模式，这自然是功利和钻营，但更是无法以寄情山水自欺的用世之心，是杜甫笔下"致君尧舜上，再使风俗淳"的行道之志，这又有什么可以指摘的呢？

---

① 参见周勋初《李白评传》，南京大学出版社，2005年4月第一版，142页。

在去往幽燕的路上，李白对朋友的解释带有了一些"深入虎穴"的自我刻画，"且探虎穴向沙漠，鸣鞭走马凌黄河"。但他在天宝十一载秋冬间到了范阳节度使治所之后，却正好错过了入长安觐见的安禄山。李白此时的心态是庆幸还是遗憾，还是兼而有之，我们不得而知，但李白在引荐人何昌浩的安排下，顺势周游了幽燕地区。

李白在游历中亲身领略到了安禄山大军的锐气和军威，在《出自蓟北门行》一诗中盛赞安军"推毂出猛将，连旗登战场。兵威冲绝幕，杀气凌穹苍"，甚至还天真地想象他们还将为国建功，"收功报天子，行歌归咸阳"。

在幽燕，尽管李白看到了暗流涌动，但他此时又岂能知道，三年后，安禄山这支大军将以另外一种方式"行歌归咸阳"。

五

天宝十三载（754）正月，安禄山最后一次到长安觐见。

这让预言家杨国忠在李隆基面前大失颜面。上一年年末，杨国忠怂恿李隆基召安禄山入朝，他自负地认为，安禄山作乱在即，必不敢来。

但安禄山还是应诏来了。他在华清宫对着李隆基泣不成声：

"臣一个胡人，陛下宠擢至此，以至于杨国忠视我为大敌，随时可能置我于死地。"

李隆基消了猜疑之意，又动了恻隐之心，此后一年多，无论是来自杨国忠还是太子李亨的"安禄山必反论"，他都置之不理。

李隆基还一度想给安禄山解决他念兹在兹多年的宰相之位。但杨国忠此时从中作梗，以"禄山虽有军功，目不知书，岂可为宰相"为由打消了李隆基的念头，象征性地封了安禄山一个左仆射。

安禄山对此大失所望，他隐约知道，自己与宰相这个位子已经擦肩而过，永无再见的可能了。

天宝十三载三月，在长安已待了两个月的安禄山请辞回范阳，李隆基委托高力士为他举行了盛大的饯行仪式。李隆基问高力士："安禄山走的时候情绪如何？"高力士回话："安禄山怏怏不乐，一定是私下打听到拜他为相的动议被否决了。"李隆基震怒，严惩了涉嫌泄密的张垍三兄弟。而揭发者就是嫉恨张垍得圣宠的杨国忠，他对李隆基说："此议他人不知，必张垍所告。"

作为李隆基之婿和前宰相张说之子，张垍的中伤可能是李白败走长安的重要原因之一，而这一次，杨国忠的暗箭将张垍逐出长安，也算是天道循环。从这一刻起，怨恨的种子已在张垍心中植下，只待安史之乱时破土而出。

我们无从得知，如果安禄山得到了宰相之位，是否就会放弃谋反之念，进而改变历史进程，但是，这至少是一个安史之乱爆发的重要变量，是一个开放性答案。

从这个角度而言，杨国忠不仅通过"反复预言"，也通过彻底阻断安禄山的入相之路，与李隆基共同"逼反"了安禄山。

很有可能，安禄山就是在此刻彻底坚定了起兵称帝的决心，而他之前的种种不臣行径，多少还可以解读为防御性自保行为，此前起兵可能只是被安禄山视作危急时刻的选项之一，未必是野心勃勃之下的蓄谋已久。安禄山应该知道，拜相无望不仅封死了他的权位上升路径，也表明他已经输掉了这场与杨国忠争夺李隆基宠信的战争，后续来自杨国忠的政治倾轧将一波强似一波，直至吞没他的东北三镇。

也正是在此时，安禄山开始紧锣密鼓地为起兵做最后的准备。第一步是，安禄山主动向李隆基请缨掌管全国军马最高管理机构，继而暗中将数千匹"健马堪战者"分开饲养，方便日后监守自盗，转移至范阳老巢。

第二步是，安禄山为收买军心及加强对军队的控制，以军中有大量有功将士为由，要求李隆基授予自己打破常规自行提拔军官的人事特权。获准后，他一口气在军中任命了五百多名将军、两千多名中郎将。

安禄山这两大起兵部署之所以得到李隆基的痛快允准，除了无原则的信任以外，多少也是李隆基对安禄山拜相不成的某种补偿。

在安禄山扩张军权的同时，西北的哥舒翰也为其部将论功，效仿安禄山大规模擢升军官，这很可能是哥舒翰与杨国忠两人针对安禄山的竞争性反制措施。

安禄山布局了这两件大事，下面就是如何尽快安然从长安脱身的问题了。安禄山的辞归并没有被李隆基劝止，杨国忠也无力阻遏放虎归山。安禄山行前，李隆基脱御衣赐之，他虽受宠若惊，但还是深知长安非久留之地，一得到皇帝的正式批准，就疾驰出关，乘船沿黄河东下。为了加快速度，安禄山命沿河纤夫待命，每隔十五里一换，昼夜兼程，所过郡县概不停留，以日行三四百里的速度直奔范阳，唯恐夜长梦多，李隆基会在杨国忠的唆使下改变主意。

安禄山回到范阳之后，索性放开手脚做各项起兵准备。可以说，此时战争已无转圜余地。尤其是到天宝十四载（755），也就是安史之乱爆发这一年，唐帝国东北部已是战云密布，似乎只有李隆基一人仍浑然不觉，或者说，他已经陷入了某种现实扭曲力场，装睡也好，真睡也好，重要的是，皇帝拒绝进入真实世界。此时，但凡再有人声称安禄山谋反，李隆基就直接把这人绑了，送到范阳交由安禄山全权处置。

这位盛世天子一生文治武功无往不利，人生经历可以概括为从一个胜利走向另一个胜利，成功史让李隆基从极度自信陷入自负，拒绝相信有人可以颠覆他亲手打造的盛世。基于本朝的历史经验，李隆基更忌惮自己有亲身经历的宫廷政变，而对从无成功先例的边将造反多少有些不以为然，要操心也是更顾忌王忠嗣和皇甫惟明这一类，他们与太子有勾连，其实还是某种宫廷政变的变形模式。[1]而且安禄山是个胡人，在长安缺乏政治根基，与杨国忠和李亨都势如水火，李隆基全然不用操心他有内外勾结、策划宫廷政变的可能性。

同时也应考虑到，李唐皇室对胡人素来没有"非我族类"的防范心态，太宗李世民曾有名言："自古皆贵中华，贱夷狄，朕独爱之如一，故其种落皆依朕如父母。"李隆基很可能也秉持着胡汉一家的价值观，并不会因为安禄山是胡人而生出更多的猜忌。

天宝十四载二月，安禄山在前一年刚获准一次性提拔数千名军将的基础上，又派遣副将何千年入朝，要求以蕃将三十二人取代汉将，李隆基不假思索地准奏了。这是安禄山起兵前彻底消弭军队忠诚度风险的一次民族大清洗，完成了他的军队高层中的"胡人化"迭代——这些人只知大帅不知朝廷。

前一年刚刚在杨国忠力荐下升任左相的韦见素断定，这次大举换将标志着"其反明矣"，力谏驳回安禄山所请，惹得李隆基极为不悦，连一向是反安急先锋的杨国忠都吓得"逡巡不敢言"。

---

[1] 参见蒙曼《唐明皇》，新星出版社，2016年10月第一版，411页。

杨国忠深知安禄山圣眷未失，强硬反安不会得到李隆基的任何支持。他此时展现出了难得的政治妥协，拉着韦见素向李隆基建言："有一个两全其美之策。安禄山一直想当宰相而不得，现在我们也想通了，只要安禄山愿意来长安，就遂了他的愿吧。当然，安禄山的三个节度使也别再做了，任命三个人各当一个。"

李隆基一开始也认可这个方案了，连诏书都草拟好了，但转念一想还是留中不发，决定先派一个叫辅璆琳的宦官去范阳看看情况，"潜观其变"。但辅璆琳一到范阳就沦陷于安禄山的金钱攻势，回长安后盛赞安禄山"竭忠奉国，无有二心"。李隆基这下心里有了底，就对杨国忠等人说，安禄山这个人朕保了，就别再庸人自扰了，"朕推心待之，必无异志"。

杨国忠愿意让安禄山入相，可以理解为一种"相忍为国"下的政治让步，但也有可能是以退为进之举，先将安禄山调虎离山，再慢慢找机会对付，毕竟，政治阴谋是杨国忠的强项。

但无论如何，或许天宝十三载初的安禄山还有入相之志，而天宝十四载初的安禄山已下了起兵的最后决心。覆水难收，即使李隆基下诏拜相也大概率不会得到安禄山的积极回应。

安史之乱前夜，杨国忠也算是做了几件有宰相水准的事，比如支持哥舒翰大举拔擢军官对标安禄山，比如亡羊补牢地同意安禄山入相。至于他反复预言安禄山必反，虽一开始是出于褊狭争宠的政治私心，但对唤醒李隆基多少总有些正面效应。但是，杨国忠做的最颟顸、最缺乏大局观的一件事是，为了向李隆基验证自己的"预言正确"，他竟想快速"逼反"安禄山。而当时对一个帝国首席宰相而言，最有责任感的做法显然是尽可能地避免或推迟安禄山的谋反进程。①

当然，杨国忠可能是大大低估了安禄山的军事实力，更预料不到日后的弃长安和马嵬驿之变。在杨国忠看来，安禄山起兵之际就是身败名裂之时，不怕他谋反，就怕他不反。

四五月间，杨国忠在并未掌握任何实质性证据的情况下，让京兆尹派人搜查安禄山的长安大宅，虽然没有找到任何有价值的谋反物证，但还是逮捕了安禄山的几个门客送到御史台大狱，问不出话便打死在狱中。安禄山"质押"在长安的长子安庆宗将这个消息密报给安禄山，安禄山忧惧失色，进一步加快了起兵的进程。

天宝十四载六月，适逢宗室之女荣义郡主赐婚于安庆宗，李隆基下诏让安禄山进京观礼——这可是亲儿子的婚礼，但安禄山竟称病不至，李隆基也就听之任之了。

一个月后，安禄山上表朝廷，请求献马三千匹，每匹马配两个马夫，共六千人，由二十二个蕃将率领入长安。这哪里是什么送马，这就是大唐版的特洛伊木马，怎么看起来都很像轻骑奇袭

---

① 参见蒙曼《唐明皇》，新星出版社，2016年10月第一版，412页。

长安的意思。

在河南尹达奚珣的劝谏下，李隆基此时终于开始有所醒悟，"始有疑禄山之意"，婉拒了送马之议。但此刻，离安禄山起兵只有四个月了。而这个忠义之士达奚珣，军兴后还有极其特别的亮相机会。

也在此时，宦官辅璆琳受贿于安禄山一事也东窗事发，李隆基找了一个与安禄山无关的理由杀了他。而后，李隆基又派了一个宦官去范阳。

这个叫冯神威的宦官带去一封手诏，这应该是李隆基最后一次给安禄山下诏。手诏上说："朕刚刚在华清池专门给卿弄了一池温泉，十月与卿不见不散。"冯神威宣旨时，安禄山坐在胡床上没有起身去跪拜接旨，只是微微欠了欠身，问了句"圣人安好"，然后说道："不让献马就不让吧，我十月会如约到长安见陛下。"

冯神威被软禁了几天后放归长安，但安禄山连一封谢恩表都没写。冯神威回到长安，惊魂未定地向李隆基哭诉："臣几不得见大家！"

李隆基此时显露出致命的自负——当然也可以说成是镇定自若——天宝十四载十月，他照例带着杨贵妃去骊山华清宫，度假泡温泉去了。

一个月后，李隆基在华清池的云蒸雾绕中，得到了安禄山如约来长安的消息。

第二章　杨国忠的预言（天宝十二载至天宝十四载）

第三章

安禄山的鼙鼓
（天宝十四载十一月初九）

天宝十四载（755）十一月，当李隆基、杨玉环纵乐于华清宫时，杜甫正从长安赶往奉先（今陕西省渭南市蒲城县）探视家小。凌晨路经骊山时，杜甫遥望华清宫，想到李隆基君臣正极尽欢娱，大唐盛世却已岌岌可危，心潮起伏，感慨万千，个人、妻儿、百姓、帝国、战乱，这个盛世再也载不动杜甫的忧愤。等他冒着风雪回到家中，竟发现幼子已经饿死，更是万箭攒心，写下了一唱三叹的名篇《自京赴奉先县咏怀五百字》："……入门闻号咷，幼子饥已卒。……所愧为人父，无食致夭折。……"

当然，这首诗最有名的两句是"朱门酒肉臭，路有冻死骨"，曾被视作杜甫有"阶级意识"的证据，但不少人都下意识地以为这两句出自"三吏""三别"。

几乎就在杜甫路经骊山之时，安禄山的大军正呼啸而来，只是消息此时还未抵达长安和奉先罢了。[①]

安禄山为何反？除了杨国忠的"逼反"之外，拜相之路遇阻，身边亲信撺掇，尤其是军事实力独大都是原因之一，但还有一个极易被忽视的变量是：安禄山和太子李亨的关系。当年安禄山"不

---

① 参见莫砺锋《杜甫评传》，南京大学出版社，1993年10月第一版，97页。

拜太子"的政治投机固然赢得了李隆基的恩宠，但也以羞辱的方式开罪于李亨。

天宝十四载，李隆基已年逾古稀，太子接班已经排上了政治日程表，安禄山"见上春秋高，颇内惧"，惶惶不可终日。无论李亨在李林甫和杨国忠的政治钳制下如何韬光养晦，考虑到李隆基已无易储之念，李亨始终都代表着未来。

安禄山对李隆基的所谓忠诚，其中作伪的成分自然很大，但人都是感情的动物，装久了情分可能也就培养出来了。在政治博弈中，利益和感情本就是牵丝攀藤，即使是安禄山这样的权奸也不可能做到绝对化地遵循利益导向。对此，连对安禄山极尽攻讦的《资治通鉴》也承认，"以上待之厚，（安禄山）欲俟上晏驾然后作乱"。

也就是说，按照安禄山起初的计划，他即使必反，也是倾向于等到李隆基驾崩后再起兵的，但正是杨国忠的"逼反"让安禄山再也顾及不了与李隆基的所谓"情义"，打算先发制人。这也正如《剑桥中国隋唐史》所说，"安禄山极不可能像我们所掌握的大部分史料所声称的那样早有谋反的计划""当安禄山相信他已失去玄宗的支持，失宠又一定会发生和迫在眉睫时，他才最后与朝廷决裂"。[①]

[①] 参见［英］崔瑞德《剑桥中国隋唐史》，中国社会科学出版社，1990年12月第一版，429页。

在李隆基的无上皇权的笼罩下，安禄山、杨国忠、李亨可以看作天宝末期的政治三巨头。在这组三角关系中，李亨—安禄山、李亨—杨国忠、安禄山—杨国忠，无不是两两为敌，相互对抗，但也彼此牵制。

李隆基理论上本可以坐收制衡之利，他可能也在有意识地行帝王操纵之术，但不料三角关系最终走向了全面失控，即使在安史之乱爆发后还再次给了李隆基致命一击。

一

天宝十四载（755）十一月初九，一个寒冷的北地早晨，安禄山带着十五万人在范阳敲响鼙鼓。这群人血气方刚，野心勃勃，生命旺盛，他们意识到自己实力的强劲，草原狼头旗和汉家"功名只在马上取"之双重尚武文化哺育了他们。

在唐人眼中，安史之乱是一场不易阐释的百年未有之丕变——毕竟，鼙鼓敲响于天宝盛世的巅峰。除了传统的忠奸观和流于表面的制度反思之外，文人更迷恋于谈论天生异象和不祥之兆；他们不相信帝国之衰落会悄无声息地降临，更信奉阴阳五行学说下的"国之将亡，必有妖孽"，任何能展露"预言"苗头的东西都会被无限渲染。

人类过于厌恶不确定性，所以对成败都希冀找到符合自我叙事的归因。

比如《东城老父传》中提到斗鸡，李隆基属相为鸡，又喜欢斗鸡，"兆乱于太平矣"；《开元天宝遗事》一书就列了三个不祥之兆：武库中刀枪自鸣、风流阵[①]、泪妆[②]；据《开天传信记》记载，李隆基的大哥宁王李宪从新曲中听出作乱犯上之兆，"及安史作乱，华夏鼎沸，所以见宁王审音之妙也"。就连两唐书也在《五行志》中罗列了若干如金石自鸣、武库火灾、巨蛇现身、白日大雾等异象。只能说，李隆基君臣"辜负"了这些如此明显的动乱预兆。

不过，与其说朝廷错过预兆，不如说安禄山的保密工作做得毫无破绽。除了次子安庆绪之外，只有严庄和高尚这两位谋主、将军阿史那承庆等寥寥几人全程参与了起兵密谋，连史思明都没进入这个谋反小圈子，和其他高级将领一样不知内情。

从八月开始，安禄山进入了最后备战阶段，屡飨士卒，秣马厉兵。起兵前几天，安禄山才召集全体高级将领，诈称自己手上有一封刚刚收到的密旨，奉旨带兵入长安诛杀杨国忠以清君侧。安禄山宣旨后，众将相顾愕然，但没人敢发出异议。

范阳当地父老试图劝谏安禄山，安禄山竟然也没勃然大怒，

[①] 李隆基与贵妃让宫女列阵打仗，作为宫闱嬉戏。
[②] 嫔妃将脸颊涂抹上白色脂粉，称其为"泪妆"。

还让亲信严庄带话说："我起兵是忧国之危，不是为了一己之私。"从这也可以看出，安禄山很注意维护自己在河北根据地的公众形象，即使造反也想找个合适的理由，不想以"反贼"面目示人，而事实上，苦心经营河北十余年的安禄山在河北的威望非常高，甚至死后很多年还被当地人视作"圣人"。河北，顾名思义就是黄河以北，又称河朔，其辖区除了今天的河北省大部以外，也包括了北京市和天津市的一部分，还有山东省黄河以北部分。

但在军中，安禄山宣誓起兵后便实行令行禁止，公告全军称："有异议煽动军人者，斩及三族！"

尽管安禄山声名狼藉，三百多斤的体重令他不像是披坚执锐的战将，也缺乏规划长远战略的能力，但从他起兵时的各项军事部署来看，安禄山绝对当得起"名将"二字。

第一，安禄山的战前准备称得上未雨绸缪。除了补充军备和战马之外，安禄山花了很大精力与亲信研究、确定作战计划，特别是对从范阳到洛阳这条进攻主路线的地形、道路和进攻日程进行了缜密调查和规划，《新唐书》说其作战地图"山川险易攻守悉具"。安禄山在将作战地图一一交给一线将领时，还郑重交代："谁违背作战计划，立斩。"

第二，安禄山采用了声东击西的惑敌战术。按照安禄山的作战计划，大军主力将从范阳一路南下，强渡黄河进入河南境内后，再转而向西，沿着洛阳—潼关—长安这一路进攻。但安禄山大军南下前，却派了一支二十人的轻骑西进奇袭太原，欲趁乱劫持太原副留守。安禄山对这一规模极小的奇袭很可能并未寄予太大希望，但他想制造一个战略假象：主攻路线是从范阳向西攻取太原，然后沿高祖李渊当年走过的路线，从太原出发夺取长安。[①]

第三，加强后方守备。在亲率十五万主力大军倾力南下之时，安禄山在麾下三镇也留下了可观的守备力量，范阳、平卢和大同三处各派专人留守，以防后院起火，殃及军心。从后续的战事发展来看，安禄山的预感是准确的，河北后方果真一度被唐军攻破，如果安禄山起初部署的守备力量更薄弱一些，那恐怕就不是之后的局面了。

安禄山此次起兵兼具了"地方军将叛乱"和"胡人乱华"两大特质，传统的历史叙述更喜欢强调第一点。但其实，这两大特质对安禄山起兵初期的军事"辉煌"都有突出贡献。

先说地方叛乱，玄宗时代的军事体制已从"内重外轻"转化为"内轻外重"，军事力量高度集中于边镇，这一点稍后还会详细说到。这里我想着重说的是历史渊源，李唐开国时，虽在河北扫平了窦建德，但从怀念窦建德到怀念接力起事的刘黑闼，河北人对李唐关中政权的离心力一直高于帝国其他地域，学者仇鹿鸣曾精彩地概括说，"河北相对而言长期处于帝国政治版图的边缘，这

[①] 参见许道勋、赵克尧《唐玄宗传》，人民出版社，2015年3月版，469页。

种文化上的'异质感'并非缘于河朔三镇的成立，而可以追溯到安史之乱前"[1]。

在安禄山集团中，除了胡族兵将"主武"之外，"主文"的河北士人也成为起兵的另外一大依托，他们共同构成安史集团的两大中坚力量。安禄山身边的两大谋主——严庄和高尚，均是仕途失意的河北士人背景，自外于两京的主流士大夫社会，可被定义为"帝国文化版图上的边缘人"[2]。

从窦建德开始，"长安与河北"这一历史逻辑被安禄山、史思明所承袭，再为藩镇割据中的魏博、幽州等河北藩镇所光大，成为贯穿盛唐—中唐—晚唐时代的核心政治主题之一。

再说"胡人乱华"。这一说法最早可能是由陈寅恪先生提出的，他认为安史叛军的强大实力源于其乃自成一系统的最善战的民族，"安禄山利用其混合血统胡人之资格，笼络诸不同之善战胡族，以增强其武力"[3]。

在安史叛军中，安禄山以下的高级将领多是胡人背景。安禄山和史思明都是出自营州（今辽宁省辽西地区）的粟特人，何千

---

[1] 参见仇鹿鸣《长安与河北之间：中晚唐的政治与文化》，北京师范大学出版社，2018年11月第一版，326页。

[2] 参见仇鹿鸣《长安与河北之间：中晚唐的政治与文化》，北京师范大学出版社，2018年11月第一版，25—26页。

[3] 参见陈寅恪《唐代政治史述论稿》，译林出版社，2020年3月第一版，217页。

年和安守忠是粟特人，安忠志和张孝忠是奚人，孙孝哲是契丹人，阿史那承庆和阿史那从礼看姓就知道是突厥王族，田承嗣是胡化汉人。之前曾提到过，天宝十四载二月，安禄山曾一次性以蕃将三十二人取代汉将，完成了军队高层内的"胡人化"迭代。

除了中高级将领，安禄山麾下最精锐的一支部队也由胡人组成。这支被称作"曳落河"的精锐近卫军，由安禄山历年从同罗、奚和契丹的降兵中遴选而出，总人数达到八千余人，被安禄山收为"假子"（义子），在安史之乱中担当了冲锋陷阵的攻坚重任。

安禄山集团的胡人背景，特别是粟特人背景，还给起兵提供了强大的财政支持。在唐代，但凡提到"胡商"这个词时，大概率说的就是粟特商人，他们构筑起了横跨中原、蒙古高原乃至中亚各地的商业网络。甚至可以说，"丝绸之路贸易的统治者是粟特人，粟特语是当时的国际语言"[1]。正是凭借粟特人的国际贸易网络带来的巨额资金，安禄山才得以从容地打造了这支装备精良的多民族大军。

安禄山这支大军，从地域文化心理上与李唐关中政权长期扞格不入，从民族构成上又主要以胡人和胡化汉人组成，无论在忠诚度、向心力还是战斗力上，都是一支与安禄山形成了利益和情

---

[1] 参见［日］森安孝夫《丝绸之路与唐帝国》，石晓军译，北京日报出版社，2020年1月第一版，77页。

感绑定的强军，更是李隆基的宿命之敌。

作为中国古代战争的一个基本规律，如"私兵""部曲"和"家军"这样建构在私人关系上的军队，其黏性、凝聚力乃至战斗力，要远比依托于"国家—个人"这种虚无联系上的所谓"正规军"要强得多。事实上，历代所谓"正规军"更多的时候就是"混口饭吃者"的集合体，而玄宗时代的唐朝中央军是不是如此，等会儿将会谈到。

当风暴形成，安禄山大军将呼啸而至，沛然莫之能御。

二

安禄山起兵后的第七天，也就是天宝十四载（755）十一月十五日，正与杨玉环共浴于骊山的李隆基才得到了安禄山谋反的确定消息。

这一刻，虽然白居易在《长恨歌》中，充满历史转折感地写下了"渔阳鼙鼓动地来，惊破霓裳羽衣曲"，但李隆基的第一反应却是镇定和日常的。当然，有个人比他还要若无其事。在李隆基召开的御前会议上，杨国忠"扬扬有得色"地说："真正想造反也就是安禄山一个人，将士们都是被裹挟其中。诸位等着瞧，不过十天半个月，陛下就将看到安禄山的首级。"李隆基击节赞赏杨国忠的速胜论，但群臣的反应却是"相顾失色"。

就李隆基和杨国忠"泰山崩于前而色不变"的泰然处之，如果安禄山真如他们所愿旋即败亡、传首御前，或许还能为他们赢得类似谢安在淝水之战中的传奇声望："小儿辈大破贼归矣。"

可惜，缺乏实力、昧于大势的谈笑自若只能留下笑柄。

李隆基最初也只是做了极简的军事部署，派大将毕思琛前往东都洛阳，金吾将军程千里奔赴河东，各自就地募兵数万防守。

第二天（十一月十六日），李隆基可能还是心里没底，又召见了更重磅的军界巨头——安西节度使封常清，他在大唐西北军中的资历仅次于哥舒翰和高仙芝。但封常清甚至表现得比李隆基还要顾盼自雄，言语之间锋芒毕露："安禄山一开始得势只是因为天下承平已久，军民望风惮贼，但他的运气也该用尽了。臣请走马赴洛阳，开府库，募骁勇，渡河讨贼，短期内就可将安禄山首级悬于长安城头。"听了封常清的痛快话，李隆基不胜惊喜，第二天就任命他为范阳、平卢节度使，大有即将马踏范阳之雄心。当然，第一步还得先去洛阳防御一小段时间。

李隆基召见封常清时的举措有四处稍显隐晦，但可供延展的信息。第一，从毕思琛、程千里到封常清，李隆基初期调集的平乱将领都是西北系的，他认定，帝国内唯一可以抗衡安禄山的就只有西北军了，因此也在有意识地执行某种"以西制东"的战略导向。第二，李隆基调集的将领是西北系的，但西北边军精锐都在河西和陇右，仓促之间来不及赶回中原平乱，更别提相距万里之遥的安西军、北庭军了；李隆基只能让这些西北系将领在内地就地募兵，但这些没有任何临阵经验的新兵，又未经充分训练，即使是由西北名将率领，也无法与安禄山的虎狼之军抗衡。第三，封常清在短期内击败叛军的表态和杨国忠惊人地相似，对于李隆基而言，如果说作为文官的杨国忠之语尚不足为信，封常清这位老将的话显然更有说服力，从"专业角度"强化了李隆基的信心。第四，封常清大言不惭的信心从何处来？其中自然可能有说漂亮话、投李隆基所好的因素，但这种信心自有至诚的一面，即以封常清为代表的这批西北系将领，由于既往开边战功之辉煌远超安禄山，无论是对西北军还是个人能力都自视甚高，相应地对安禄山的东北军也有了不切实际的轻敌和贬抑。但封常清等人以往的军功是建立在精锐的西北边军之上，当脱离了西北边军这个军事平台，单凭他们这些将领的将略，可能远不足以力挽狂澜。

在杨国忠和封常清的推波助澜下，李隆基丧失了在第一时间走出自负人设的机会。在安史之乱前期，从范阳到长安，李隆基还将如此骄矜和执迷很多次，直至弃长安而去。一个细节是，李隆基接见过封常清之后，竟又心安理得地待在了华清宫，而没有即刻赶回长安，更别提下令国家切换到战时体制了。

当李隆基君臣做着安禄山旬日授首的迷梦时，安禄山大军正横扫河北，进军之顺利甚至超越了安禄山战前的乐观预期。

第二章　安禄山的鼙鼓（天宝十四载十一月初九）

安禄山起兵初期为何所向披靡？这里试着总结三点原因。

第一，突袭的战略效果。安禄山起兵之初，由于采取了夜间急行军、每天前进六十里的方式，再加上西进太原的欺骗性战略，十五万大军的南下竟也打成了出其不意的闪击战。安禄山叛军从范阳南下，十天就杀到了博陵（今河北省定州市），十一月二十一日更是攻陷了博陵。河北各郡战备付之阙如，仓促之间更是败的败，降的降，根本没有形成有效的抵抗，连常山太守颜杲卿都顺势"降"了，正如《资治通鉴》所说，"河北皆禄山统内，所过州县，望风瓦解。守令或开门出迎，或弃城窜匿，或为所擒戮，无敢拒之者"。

第二，一支强大的骑兵。安禄山军中擅长骑射的北族骑兵本就很多，再加上长年与契丹和奚的游牧骑兵周旋，骑兵大军团作战经验极其丰富。叛军的军马供应也十分充裕，燕赵本就是盛产良马之地，安禄山还在掌控帝国军马最高管理机构时，就暗中将大批优质军马转移至范阳。

第三，玄宗时代"内轻外重"的畸形军事体制。这也是最为关键的一点原因。所谓内轻外重，就是李隆基为了他最热衷的开边大业，将大唐军事主力都集中在东北和西北边境，而内地特别是以长安为中心的关中统治腹地军力部署却极为空虚。

内地兵力配置不足也就罢了，战斗力更是接近于乌合之众。玄宗时代大唐最精锐的部队都是边军，长年作战因而富有实战经验，而长安一带的所谓中央军和禁军中却充斥着地痞流氓游民，根本没有形成什么战斗力。这些市井之徒平日里在军中做做小生意、喝酒吃肉、以嬉闹游戏替代军事训练，一听到打仗就浑身战栗，以致连盔甲都穿不上。更难以置信的是，因为承平日久，连内地府库里的兵器也都朽烂了，根本无法握举，军人只能拿木棍上阵。这样军纪败坏的军队再配上朽烂的装备，不望风而降已经算是难能可贵了。

那么，在玄宗时代，唐朝最负盛名的府兵去哪儿了？大唐开国时，依托于府兵制度的唐军曾横扫天下，府兵也高度集中在关中地区，这才形成了开国初期"内重外轻"的军事格局。府兵是一种"兵民合一"的非常备军制度，平日种田，战时打仗，对唐朝中央财政压力不大，但府兵从制度设计上更适合打短期战争，如李靖灭东突厥那种速决战，毕竟府兵农忙时还要回家种田。但到了武则天时代，特别是到玄宗时代后，对外战争的规模、广度以及耗时都无限放大，尤其是李隆基要在西北和东北边境都常年保持一支强大的常备军，这显然就不是府兵制所能承担的了。反过来说，"长期的对外用兵，也成了府兵制破坏的一个重要原因"[①]。

随着府兵的衰落和过时无用，边军应时崛起，军事体制改革

[①] 参见王仲荦《隋唐五代史》，上海人民出版社，2016年12月第一版，467页。

呼之欲出。天宝年间，在李林甫的主持下，唐帝国进行了一次重大军事体制改革：一方面完成了从府兵制到募兵制的转变，府兵制在实质上被废止；一方面在边境设立了十大军区，由九大节度使和一个经略使各自辖制。按说单个节度使的军事实力已经够强了，而李隆基出于开边效率最大化和倚重信任的双重考量，还让安禄山陆续兼任了范阳、平卢与河东三镇节度使。

在天宝中后期，安禄山的范阳、平卢与河东"东北三师"，是宇内最强悍的军事集团，唯一可以勉强与之抗衡的就是哥舒翰领衔的"西方二师"，也就是河西和陇右两大节镇，总兵力在十四万八千人左右。①

当然，更广义上的西北军，还包括朔方（六万四千七百人）、安西（两万四千人）和北庭（两万人）这三镇之军，但这些都不在哥舒翰的直接控制下。

在李隆基的军事视野里，"西方二师"也是他赖以对抗安禄山的唯一主力，"以西制东"由此也成了他的平叛主导战略。但在"西方二师"大举回师中原之前，李隆基所能指望的也就只有地痞化的中央军和那些临时招募的乌合之众了。

真的会有奇迹发生吗？

---

① 参见黄永年《六至九世纪中国政治史》，上海书店出版社，2004年7月第一版，314—317页。

弃长安

三

在安史之乱初期，十一月二十一日的博陵失陷是个转折点，妄自尊大的李隆基自此开始将安禄山大军视作强敌。

在这一天，此前一直待在骊山华清宫的李隆基紧急返回长安兴庆宫，正式结束了度假状态。

一回到长安，李隆基就杀掉了安禄山长子安庆宗，最冤枉的是皇室血脉的荣义郡主，也受到夫家牵连被赐死。杀掉安庆宗夫妇，固然是李隆基盛怒之下的发泄之举，但其中也不无政治宣示的因素：大唐和叛贼安禄山没有任何政治媾和的空间，只有平叛到底一条路。

也是在当天，李隆基依据不断恶化的战局，进行了令人眼花缭乱的前线人事调整。有两项调整尤其值得注意：

第一，新设河南节度使，领陈留等十三郡，由卫尉卿张介然担任。这也是唐朝第一次在边境以外的内地设置节度使。这自然显示了李隆基对河南主战场的重视，但也悲哀地透露了一个事实：河南已是唐帝国的边境。

第二，让朔方节度使安思顺转任户部尚书，由安思顺在朔方的下属郭子仪接任节度使。安思顺是安禄山没有血缘关系的堂兄，两人虽然从小关系甚密，但之后走向反目，安思顺还曾多次向李隆基进言"禄山必反"。也因此，安禄山起兵后，安思顺没有受到政治株连。但是，很可能是出于谨慎，李隆基还是让安思顺离开了朔方节度使这个军权在握且过于敏感的职位，让其不失体面地转任户部尚书；安思顺之弟安元贞也被剥夺了兵权，从羽林军大将军改任太仆卿。安思顺与安禄山毕竟有亲戚之名，风雨飘摇的唐朝此时业已经受不起任何不测，李隆基也只能委屈安思顺了。

这次人事变动的后续影响很快就超越了变动本身，郭子仪和朔方军由此在大唐军界迅速崛起，一跃成为平乱战争中最重要的擎天一柱。

回长安第二天（十一月二十二日），李隆基又召见了"西北军三巨头"之一的高仙芝。同是三巨头之一的封常清也曾是高仙芝的旧部。天宝十载（751）战败于怛罗斯之后，高仙芝引咎回京，一直出任右金吾大将军这个带有半赋闲意义的职位。

李隆基的平叛策略都建立在利用西北边军的"以西制东"之上，继封常清之后，他又让高仙芝重新复出，担任实际指挥作战的副元帅，委任六皇子荣王李琬为元帅，统率诸军东征。按照李隆基的谋划，这支命名为"天武军"的部队预定人数为十一万，但经过近十天的努力，只征集到五万人。这五万人有三个来源，除了没有战斗力的新兵和飞骑、彍骑等中央军之外，值得注意的是，已经有部分西北边军从河西、陇右等地回援长安，成为这支拼凑之军中唯一可战的力量。

十二月初一，高仙芝率这五万大军从长安出发，进驻陕郡（今河南省三门峡市陕州区）。对此行寄予厚望的李隆基亲自在兴庆宫勤政楼为荣王和高仙芝饯行，并命曾和高仙芝在安西合作过的边令诚为监军。

从十一月十五日获悉反情到十二月初一高仙芝出征，在半个月出头的时间里，李隆基在仓促中完成了第一阶段的战略部署。在主战场河南，李隆基共设置了三条防线：第一道，河南节度使张介然率军一万驻守陈留（今河南省开封市祥符区）；第二道，封常清保卫东京洛阳，手下的六万守军是他花了十天时间就地招募的；第三道，副元帅高仙芝统兵五万，坐镇陕郡。在山西方面，则是以郭子仪的朔方军为主导，太原尹王承业和潞州长史程千里为支点，组织防御。李隆基的防御体系看似缜密且有纵深感，但弱点有三：一是层层设防，兵力分散；二是消极防御；三是兵员素质太低，空有大战略而无劲兵支撑。①

巧合的是，高仙芝出师第二天（十二月初二），安禄山大军就在灵昌郡（今河南省安阳市滑县东）强渡黄河，在第一时间对李隆基的河南防线发起了正面挑战。叛军用绳索、草木把破船连接起来横跨黄河两岸，一夜之间，冰合如浮桥，叛军步骑渡河攻陷灵昌，向南直逼陈留。

安禄山大军进逼时，河南节度使张介然到任陈留才数日，虽

---

① 参见许道勋、赵克尧《唐玄宗传》，人民出版社，2015年3月版，473页。

带兵苦战，但以寡敌众，本就毫无胜算。十二月初五，陈留郡太守郭纳开城投降，张介然被俘。拿下陈留时，安禄山惊悉长子安庆宗被杀，恸哭道："我何罪，而杀我子！"在此之前，安禄山很可能心存侥幸或不愿面对现实，认为自己反的是杨国忠，名义上并没有造李隆基的反，未来自己的政治抉择或许可以视战局发展保持开放性：或裂土分封，或与李隆基平分天下，两人君臣一场，未必就一定要斗到你死我活。但安庆宗之死可能彻底打破了安禄山的这一幻想，他与李隆基至此恩断义绝，两人之间再无媾和妥协的空间，只能缠斗至死。

为了泄愤，安禄山不仅杀掉了张介然，还屠杀了近万名陈留降兵，将这场战争进一步推向了野蛮与无序。

李隆基在河南设置的第一道防线，就这么破了。

攻取陈留后，安禄山大军结束了一路向南的征程，转而向西，兵锋直指洛阳—潼关—长安这一线。

安禄山攻打荥阳（今河南省郑州市荥阳市）时，还没正式攻城，唐军竟上演了开战以来最荒唐的一幕：城墙上的守城兵士，刚刚听到敌人的攻城号角声，就"自坠如雨"，这仗还怎么打？十二月初八，安禄山轻松拿下荥阳，距洛阳只有二百七十里。

荥阳失守前一天（十二月初七），七十一岁的李隆基宣布亲征洛阳。亲征诏书从黄帝和蚩尤讲起，把安禄山的忘恩负义骂了一通，但信息量也是有的：李隆基下令河西、陇右、朔方等地的边军除了少量留守城堡之外,其他人都由节度使亲自统领,从速前往洛阳行营,十二月二十日为最后集结日。

这次边军内调宣告了唐帝国开始退出在西域和中亚的上百年经营,昔日的世界帝国收缩为一个"小中华王朝"。直到贞元二年(786),吐蕃攻占了唐朝在河西走廊的最后一个据点沙州;至于安西和北庭孤悬万里的唐朝孤军,早已和长安音尘断绝,孤忠和家国都湮没在大漠中。

亲征也很快成了泡影——倒不是李隆基故弄玄虚,原因简单到残酷:十二月二十日还没到,洛阳就失陷了。

天宝十四载岁末,自负才略的李隆基彷徨失路,败讯纷至沓来。万马齐喑中的唯一一束微光是一个叫颜杲卿的奇男子,他正在胡骑遍野的河北做振臂一呼。

第四章

颜杲卿的舌头
（天宝十五载正月初八）

天宝十五载（756）正月初八，常山郡在粮尽矢绝后陷落，苦战六个日夜的常山太守颜杲卿被史思明俘获，绑到洛阳去见安禄山。

一见面，安禄山就痛骂颜杲卿："我对你有知遇之恩，一路把你从小小的范阳户曹提拔到常山太守，我有哪点儿对不起你，遭致这样忘恩负义的背叛？"颜杲卿怒目而视说："你安禄山本是营州一个牧羊奴，因为骗取了陛下的恩宠，才有今时今日的地位，陛下又有什么事有负于你而竟让你背叛大唐呢？我颜家世代为大唐忠臣，即使因你的推荐而升官，难道我还要跟着你造反吗？我为国讨贼，恨不得手刃你这个反贼，你有本事就现在杀了我。"

安禄山被骂到了痛处，命人将颜杲卿绑到桥上，用刀慢慢割他的肉并分食之。颜杲卿此时仍骂不绝口，行刑人钩断了他的舌头，说："现在你还能骂吗？"颜杲卿在含糊不清的骂声中一直骂到了气绝身亡。与颜杲卿一起，颜氏一门这一天一共被杀掉了三十多人。

五百多年后，颜杲卿就义的这个瞬间被文天祥在《正气歌》中定格为"为张睢阳齿，为颜常山舌"，颜杲卿的舌头从此垂照青史。

颜杲卿亡了，大唐还有颜真卿、张巡、许远、南霁云、鲁炅、郭子仪、李光弼、李嗣业，声气相应，前仆后继，沛然莫之能御。

封常清和高仙芝又何尝不是英雄？

一

在洛阳，安禄山遭遇了自军兴以来的最强力抵抗，他的对手是授任于败军之际的封常清，大唐西军三大名将之一。

安禄山大军攻下荥阳之后，封常清终于有些惶遽了。封常清此前对李隆基拍胸脯，说什么旬日就将取下安禄山首级，现在可能连他自己都发现这是句多么脱离战场实际的欺世大言了。封常清不仅低估了叛军的战斗力，也小觑了对方的进军速度，他在洛阳临时招募的这支六万人的新军，不仅完全没有战斗经验，甚至连最起码的训练时间都保证不了。安禄山来得太快了，从封常清十一月底募得新兵到十二月八日荥阳失守，留给这群曾是市井之徒的新兵的训练时间只有数天，这点时间能练出什么兵？

为了占据地利，封常清亲自带兵抢占了距离洛阳不足一百六十里的虎牢关，但虎牢关天险形同虚设，被安禄山的铁骑一踏即破。按理说，骑兵利于野战不利于攻城，虎牢关丢得如此之快只能说明封常清军的战斗力有多么不堪一击。

虎牢关失守后，封常清聚拢余部，再战于洛阳郊外的葵园，又败；退守洛阳城后，又连败三战。十二月十二日，安禄山军在积雪盈尺中一举攻占了洛阳，封常清只得冒着漫天飞雪率残部突围。

就这样，封常清以五战五败结束了洛阳保卫战，他这支未经训练的六万人的新军根本无法抵挡安禄山骑兵的快速突击。但说实话，封常清能让这支乌合之众没有一战后全盘溃败而是坚韧地连战五次，已经是名将本色了。正如他在给李隆基的待罪表文中所言："率周南市人之众，当渔阳突骑之师，尚犹杀敌塞路，血流满野。"

洛阳是唐帝国仅次于长安的统治中心，但陷落之时，官员大规模逃跑甚至集体投降的状况却并不比河北好多少，"居位者皆欲保命而全妻子"，当时还有投降官员出言不逊："洛阳失守，都是那些武将的责任，大势哪里是我们这些文官可以抗拒的。"封常清刚败退出洛阳，河南尹达奚珣就投降了安禄山。作为唐朝在洛阳的最高级别文官，达奚珣此举显然对其他举棋不定的官员起到了强烈的示范效应。更关键的是，达奚珣远非什么居心叵测的叛臣，他只是一个"识时务者"。洛阳保卫战时他兢兢业业地参与布防，就在几个月前，他还谏言李隆基要警惕安禄山派人进京献马的阴谋。达奚珣这种高层官员的投降，安禄山很有些如获至宝的意思，视作自己得众望所归、天下归心的标志，很快就予以重用。

第四章　颜杲卿的舌头（天宝十五载正月初八）

在"人心所向"的大势之中，还是有那么几个不识时务者站了出来。东京留守李憕在破城前与御史中丞卢奕相约："吾等担负为国御敌的重任，虽然现在败局已定，但我等誓死不降。"李憕收集了数百残兵，本想战死沙场，奈何士兵不战自溃，他就一人回到府衙泰然坐等叛军。卢奕在破城前让妻小带着官印走了，他自己则穿着朝服，独自坐在御史台中。叛军抓到两人之后，连同采访判官蒋清一起杀了。卢奕死前大骂安禄山，历数其罪，并对着叛军说："凡为人当知逆顺。我死不失节，夫复何恨！"

卢奕有个儿子叫卢杞，是中唐著名的奸相，几乎可以和李林甫、杨国忠"齐名"，但卢杞之子卢元辅又以名节著于史册，可见忠奸即使在一个家族内部都是门玄学。如果不是洛阳城破，你能说曾点破安禄山狼子野心的达奚珣不是一名忠臣吗？待到长安失守，将会看到更多颠倒乾坤的众生相，哪里是忠奸二字就可以轻易界定清楚的？

从天宝十四载十一月初九范阳起兵，到十二月十二日攻陷洛阳，安禄山仅用了三十三天就拿下了仅次于长安的第二大战略目标，也突破了李隆基在河南的前两道防线。从范阳到洛阳足有一千六百里，按照叛军日行六十里的快速行军速度，即使没有遇到任何抵抗，这段路也要走上近三十天，可安禄山大军边打边行也只用了三十三天，可见这一路根本就没遇见唐军什么像样的抵抗，弃甲曳兵是常态，只是在洛阳碰到了不大不小的"麻烦"。

封常清率残部一路西撤，英雄失路之际，在陕郡碰到了老上级高仙芝。他劝说高仙芝："我连日血战，深知贼锋不可当，况且潼关兵少，如果叛军攻破潼关，那么长安就危险了。我建议弃守陕郡，从速退往潼关坚守。"

封常清的建议是老成谋国之言，洛阳保卫战的惨败，特别是安禄山骑兵的狼奔豕突，让这位名将从初期的头脑发热中迅速清醒过来：陕郡无险可守，退往潼关天险，可以尽可能地对冲叛军的骑兵优势。

高仙芝一向很信任封常清，这种同袍式的情谊是在长期共同征战的一刀一枪中形成的。封常清年轻时向高仙芝毛遂自荐，高仙芝的幕僚都嫌弃他是个斜眼的跛子，不愿接纳，封常清用执着和坚忍打动了伯乐，这才成为高仙芝的随从。高仙芝于封常清有知遇之恩，一路把他从随从提拔到了高级将领；高仙芝怛罗斯战败去职后，封常清成为大唐在安西的军事领袖，可以视作高仙芝在安西的继承人。

两人此前的合作都发生在安西，而且基本都处于盛唐时代高奏凯歌的战场上。这一次，作为败军之将的封常清在帝国的统治腹地与复出的高仙芝重逢，身后就是安禄山的追兵。高仙芝一如既往地选择相信封常清，决定两军合兵退往潼关——当然，作为一代军神的高仙芝不可能没有自己独立的战略判断，残酷的战场现实和封常清带来的一线战地消息很可能也让他做出了相似的

第四章　颜杲卿的舌头（天宝十五载正月初八）

决断。

至此，李隆基在河南主战场设置的三道防线（陈留、洛阳、陕郡），仅用了十天就被安禄山的虎狼之军悉数突破。

祸不单行的是，在高仙芝和封常清率军撤退途中，遭到了安禄山骑兵的跟踪追击，唐军在惊惶中一触即溃，丢弃辎重粮草无数，人马更是在自相践踏中死伤惨重。好不容易退往潼关后，高仙芝立即整顿败军，修缮装备，在短期内一扫士气的低迷。当叛军大将崔乾祐率军进攻潼关时，发现新败的潼关守军已严阵以待，短期内破关已无可能，便引军退回陕郡，在一旁虎视眈眈。

不过，还有一种可能。崔乾祐此时只是试探性进攻，并没有战略决心强攻潼关，毕竟像潼关这么重要的战略目标，必须分外重视，所以此前一直亲临战阵的安禄山此时也暂停了进攻。事实上，潼关守军新败，高仙芝和封常清的整军在极短时间内很难有显著效果，而李隆基调集进京勤王的各路边军也还没有就位，关中更是人心惶惶，理论上此时是安禄山大军一气呵成，拿下潼关的最好时机。

届时，长安陷落将不可逆转，那将比真实历史提前半年。

但这一次运气暂时站在了李隆基这边。安禄山拿下洛阳后，沉迷于洛阳的雄伟宫阙，他之所以没有再亲自带兵直捣潼关乃至长安，是因为他要在洛阳谋划一件对其个人而言更重要的事情：称帝。

天宝十五载（756）正月初一，恰逢安禄山的生日，经过半个多月的筹划，又找了一些所谓的洛阳耆旧劝进，安禄山自称雄武皇帝，国号大燕，建都洛阳，改元"圣武"。因此，756年也可以称作"圣武元年"。这一年一共有三个年号，除了"天宝"和"圣武"，第三个年号在七个月后才会揭晓。

称帝时，安禄山任命达奚珣为左相，张通儒为右相，高尚和严庄为中书侍郎。此时，距离达奚珣俯首称臣只有十几天，安禄山某种程度上是在对大唐各级官吏喊话：只要尽早归降，不仅既往不咎，还可以再上一层。

攻占洛阳特别是决定称帝后，安禄山似乎一下子丧失了金戈铁马的进取心，躲进洛阳宫阙声色犬马，倒是和后世占领天京后的洪秀全有几分神似，"安禄山攻陷洛阳，是他兵锋最盛的时候，同时也是他停滞不前的开始"[①]。叛军的主要精力也转向了烧杀抢掠，忙于将各种战利品运回范阳大本营，很有些流寇主义，全无统一天下的气势和格局。可以说，安史之乱此时已进入到第二阶段，即安禄山集团结束了摧枯拉朽的闪电战，由战略进攻转向了与唐军的战略相持状态，这种转换除了安禄山主观上的保守，还有一些原因待会儿还会说到。

具体到潼关前线，就是安禄山不仅不亲自带兵进攻，且只是派出偏师袭扰，而这显然无力击破唐军的潼关防线。这样的战略

---

① 参见许道勋、赵克尧《唐玄宗传》，人民出版社，2015年3月版，486页。

僵持状态延续了半年以上，给了李隆基和潼关唐军极其宝贵的喘息时间，河西和陇右等路的边军也陆续勤王赴难。

但这个喘息时机却完全不属于高仙芝和封常清。

封常清败走洛阳之后，曾前后三次派信使赴长安，想向朝廷汇报前线战事进展，探讨应对的战略战术，"臣之此来，非求苟活，实欲陈社稷之计，破虎狼之谋"，但盛怒的李隆基对其信使一概不见。封常清无奈中只得亲自驰赴长安，想求得戴罪立功的机会，但刚到渭南，李隆基就敕令他返回潼关，削其官爵，以"白衣"之身效命于高仙芝军前。

李隆基的怨气是可以理解的，尽管洛阳保卫战已经是开战至今唐军最坚韧的一战，但这显然距离封常清许给李隆基的取安禄山首级的承诺相差甚远，严格说来是欺君之罪。李隆基没有囚禁或杀掉封常清，还让他在军前效力，应该说也算是相对理性的做法。但是，李隆基没有接见封常清，以获得前线一手信息，显然是一个严重失误，对他后面一系列的战略误判造成了直接影响。

高仙芝驻守潼关，封常清白衣襄助，本来算是一个妥善的安排，这对黄金组合曾在安西创造过许多军事辉煌，在潼关至少守关无虞。虽然兵员质量仍然堪忧，但他们有四重优势：一来有潼关天险对抗敌军的骑兵优势；二来安禄山已无心遣重兵大举进攻，守军有兵力优势；三来新败的封常清已摆正心态，再无轻敌之心；四来高仙芝从长安带来的五万军队中有部分西北边军精锐，比封常清那支在洛阳就地招募的乌合之众要强出一筹。

可以说，如果高、封两人按原计划共守潼关，潼关被破的历史很可能会被改写。

但是，监军边令诚的入局逆转了高仙芝和封常清的命运，某种程度上也逆转了李隆基和大唐的命运。

边令诚和高仙芝本是旧交，边令诚甚至还对高仙芝有过拔刀相助的大恩。天宝六载（747）远征小勃律时，尚是安西节度副使的高仙芝大捷后直接向朝廷报功，安西节度使夫蒙灵察大怒，认为高仙芝不讲政治规矩，对高仙芝进行了打击报复。此时，随军的边令诚出手了，在给朝廷的密报中为高仙芝鸣不平："如果高仙芝立了功却忧愁而死，以后谁会为朝廷卖力呢？"李隆基知道后，果断将夫蒙灵察调回长安，让高仙芝接任安西节度使。

但是，边令诚这一次却和高仙芝产生了激烈的矛盾。边令诚可能自居恩公，对高仙芝提出了很多要求，其中或有公或有私，但高仙芝或许因为战事紧急，就忽视了讨好这位皇帝亲信，惹得边令诚怀恨在心。边令诚随即回长安面圣，极力渲染兵败："封常清夸大贼军兵势，动摇军心；而高仙芝在陕郡不战而退，弃地数百里，又贪污士兵的口粮。"封常清和边令诚并无私怨，很大程度上是受累于高仙芝。

李隆基赫然而怒，当即下令赐死高仙芝和封常清，让边令诚监斩。十二月十八日，边令诚回到潼关，先找到封常清，宣读完赐死圣旨，当即执行。封常清一世英雄，死后就陈尸于一张破竹席上。

接着是高仙芝。高仙芝外出回营后，边令诚在一百余名陌刀手的随同下，把高仙芝带到封常清丧命之地，也向他宣读了赐死的圣旨。高仙芝悲愤欲绝："我高仙芝遇敌而退，因此获罪被杀没有怨言，但说我贪污军粮就绝对是诬告了。"他接着质问边令诚："上是天，下是地，兵士皆在，你难道不知道这是诬告吗？"高仙芝又回头对士卒说："我把你们从长安招募来，当然是想打败叛军多得重赏，但叛军锐气正盛，所以撤退到这里，也是为了加强潼关的防守。我若有罪，你们可以说；如没有罪，你们就喊冤枉。"全军高声齐呼："冤枉！"一时喊声动地。

高仙芝临死前，看了一眼包裹封常清尸首的破席，悲怆凄然地说："封二，你一开始从军就跟着我，一路受我提拔，后来又代替我做了节度使，今天又与我同死一地，岂非命也？"言罢便慷慨赴死。

以上这跌宕起伏的一幕幕，其实就发生在一周之内，从十二月十二日洛阳陷落到十八日高、封二人被杀，盛怒之下的李隆基可能还没真正想明白，大唐军界就在一天之内痛失两位将星。

封常清临刑前还提交给李隆基一封谢死遗表，表中最动人的一句话是："臣死之后，望陛下不轻此贼，无忘臣言，则冀社稷复安，逆胡败覆，臣之所愿毕矣。"据说封常清求见李隆基未果后，就知道自己命在旦夕，便提前备好了这封遗表。

"望陛下不轻此贼"，李隆基终究没有听进去封常清的遗言。

二

安禄山拿下洛阳后，除了称帝导致的进取心减退之外，令他没有大举西进的另外一个原因是：作为大后方的河北乱了。

安史之乱爆发时，颜真卿和从兄颜杲卿都在安禄山的辖区内任职，颜真卿是平原（今山东省德州市平原县）太守，颜杲卿是常山（今河北省石家庄市正定县）太守。

颜真卿觉察到安禄山起兵前的欲盖弥彰，料定其必反，就开始秘密做一些应变战备。他假托阴雨不断，暗中加高城墙，疏通护城河，招募壮丁，储备粮草，但表面上装得岁月静好，天天与一帮文人泛舟饮酒，赋诗唱和。安禄山接到密探的情报后，认定颜真卿是一介书生，不足为虑。

安禄山起兵后，河北传檄而定，只有颜真卿的平原郡独挂大唐旌旗，还派人骑快马向长安通报紧急军情。李隆基刚听闻河朔尽陷时，还哀叹说："河北二十四郡，就连一个忠臣都没有吗？"直到颜真卿的信使到了，李隆基这才喜出望外地对近臣说："我以前不太了解颜真卿这个人，想不到他是如此忠义之士。"

平原郡本来只有三千军队，颜真卿又增募了一万人，秣马厉兵。文人最擅长的就是做政治动员，他把部队集结起来，举办盛大的劳军酒宴，席间慷慨陈词，热泪盈眶，全军感奋。攻下洛阳后，安禄山为震慑河北特别是平原郡，派人将洛阳三忠（李憕、卢奕、蒋清）的首级巡回示众于河北。颜真卿将安禄山使节腰斩，用蒲草编作人身，为三位忠烈接上首级，装殓后全军上下哭祭。很多年后，颜真卿对卢奕之子卢杞回忆说："当年你父亲的头颅送到平原时，满脸是血，我不忍心用衣服擦，亲自用舌头舔净。"奸相一时为之动容。

颜真卿深知平原郡势单力孤，要在河北生存下来乃至大显身手，必须找到外援。颜真卿秘密派信使去常山郡找到了颜杲卿。

问题是，颜杲卿此时其实已经"降"了。

安禄山起兵时，颜杲卿不像颜真卿那样预先做了预案，知道消息时安禄山已兵临城下。猝不及防中，他只得与长史袁履谦开城"迎接"。安禄山命他们继任原职，还赐给颜杲卿一件紫袍以示恩宠。毕竟，安禄山算是颜杲卿的老上级。

投降后，颜杲卿找到袁履谦，两人心照不宣地互相传达了"投降是权宜之计"和诈降的心意。很快，颜真卿的信使来了，他们随即相约共同起兵，欲断安禄山归路，缓解叛军对潼关和长安的威胁。

颜氏兄弟相约起兵时正值叛军刚刚攻陷洛阳时，叛军势力如日中天，但他们还是在李唐国运最晦暗的时刻，对强大的安史叛军拔刀相向，其胸中又有勃然不可磨灭之气。

颜杲卿起事后的第一个攻击目标是控制着山西通往河北要冲的土门关。土门关可以看作井陉关的主体部分，夺取这里可以打通平原郡和朔方军的联系，当时安禄山派两名部将率军五千镇守在此。十二月二十二日晚，颜杲卿兵分两路秘密行动，趁对方不备先后拿下了两名土门关守将，一擒一杀，一时间群龙无首，溃如散沙，土门关遂被颜杲卿占领。据说当天半夜袁履谦带着敌将首级来见颜杲卿，激动时二人相对垂泪，他们顶着巨大压力逆势起事，终于一击即中。

就在第二天（十二月二十三日），颜杲卿又活捉了安禄山的亲信何千年。两次漂亮的"斩首行动"过后，颜杲卿传檄河北各郡，说朝廷已派三十万大军出征，不日将兵出土门关，直趋河北，号召诸郡弃暗投明、重归大唐，"先下者赏，后至者诛"。

河北诸郡当时降得有多快，此时反正得就有多快。据说在一天之内，河北十七个郡"杀贼守将，远近响应"，同归朝廷，共推颜真卿为盟主，各路联军人数加起来号称二十余万。正可谓：请看今日之域中，竟是谁家之天下？

河北十七郡反正之后，仍在安禄山控制之下的河北诸郡就只有范阳、卢龙、密云、渔阳、汲和邺六郡了。

颜杲卿派人潜入范阳，招降安禄山的范阳留守贾循。信使劝

第四章　颜杲卿的舌头（天宝十五载正月初八）

说贾循："安禄山负恩悖逆，虽得洛阳，终会败亡。您如果能杀掉不愿意归附的将领，以范阳归顺朝廷，倾覆安禄山的根基，这就是不世之功啊。"贾循心悦诚服，但他犹豫不决，畏缩而不敢行动。但这件事被贾循手下知道了，密报安禄山，安禄山当机立断，派人以密谈为名勒死了贾循。

颜杲卿功败垂成。如果贾循如愿起兵，等同于安禄山全然失去了大本营，平叛之路将顺遂得多。

何千年虽号称安禄山亲信，但被俘后迅速向颜杲卿献计称："常山的军队刚刚招募起来，战斗力不强，难以临敌，宜深沟高垒，勿与争锋。等到朔方军到了，常山军再与其并力齐进，传檄周边各郡，断燕蓟要膂，安禄山就只能束手待擒了。"何千年建议，要对外放话说李光弼已经率一万步骑从山西杀入河北，以迷惑安禄山。颜杲卿对此深以为然。

何千年的建议可谓精准切中了颜杲卿常山棋局的胜负手，但谁也没料到，安禄山的反击来得这么快。

颜杲卿起兵才八天，紧急回援的史思明和蔡希德就兵临常山城下。颜杲卿深知城中兵少、寡不敌众，就向河东节度使王承业求救。欲夺颜杲卿之功的王承业拥兵不救，颜杲卿只得孤军奋战，血战六昼夜后，饮水、箭矢和粮食全部消耗殆尽。天宝十五载（756）正月初八，常山城陷。

颜杲卿在受命之际已预见种种艰难困厄，而终究不肯引身远避，以一己之身承当世运。旋起旋灭，求仁得仁。

军兴以来，唐军一个失败接着一个失败，核心原因之一就是临时招募的军队缺乏训练，战力孱弱，这是封常清和高仙芝的统兵大才无法解决的，也是颜杲卿的周密布局无法解决的。颜杲卿通过斩首战和奇袭肇启了一个极出彩的开局，对"深沟高垒，勿与争锋"的战略也用心施行，但乌合之众这个症结在短期内近乎无解。更何况，安史骑兵机动性极强，千里奔袭，根本不会给颜杲卿充裕的时间去练兵和加强布防。

颜杲卿断舌就义时，颜氏一门被杀掉的有三十多人，随父死战的颜季明也在其中。

两年后，也就是唐肃宗乾元元年（758），颜真卿派人到河北寻找从侄颜季明的尸骨，谁知道只找到侄子的头颅，他在巨创深痛中写下一篇祭文：

维乾元元年，岁次戊戌九月庚午朔三日壬申，第十三叔银青光禄（大）夫使持节、蒲州诸军事、蒲州刺史、上轻车都尉、丹杨县开国侯真卿，以清酌庶羞祭于亡侄赠赞善大夫季明之灵：

惟尔挺生，夙标幼德，宗庙瑚琏，阶庭兰玉，每慰人心。方期戬谷，何图逆贼间衅，称兵犯顺。尔父竭诚，常山作郡。余时受命，亦在平原。仁兄爱我，俾尔传言。尔既归止，爰开土门。土门既开，凶威大蹙。贼臣不救，孤城围逼，父陷子死，巢倾卵覆。天不悔祸，谁为荼毒？念尔遘残，百身何赎？呜呼哀哉！

吾承天泽，移牧河关。泉明比者，再陷常山，携尔首榇，及兹同还。抚念摧切，震悼心颜。方俟远日，卜尔幽宅。魂而有知，无嗟久客。呜呼哀哉！尚飨！

这篇祭文就是名满天下的《祭侄文稿》，真迹现收藏于台北故宫博物院，共二十三行，二百三十四字，号称"天下第二行书"，与王羲之《兰亭集序》、苏轼《寒食帖》齐名。2019年年初，《祭侄文稿》真迹出借日本东京国立博物馆举行特展，引发热议。

《祭侄文稿》真迹更接近于一篇草稿，字随颜真卿"抚念摧切，震悼心颜"的情绪而起伏。开端是平静易读的行书，随着内容的展开，颜真卿已是悲不自胜，"书写笔画开始变得急促，到了最后几行已是匆忙潦草的草书，涂抹得不成行"。当书写到常山陷落时，"颜真卿的悲痛之情使得在叙述过程中的停顿极为明显"。"贼臣不救，孤城围逼，父陷子死，巢倾卵覆"这极具感染力的几行字被反复涂抹修改，所谓贼臣就是见死不救的河东节度使王承业。[1]

---

[1] 参见［美］倪雅梅《中正之笔：颜真卿书法与宋代文人政治》，杨简茹译，祝帅校译，江苏人民出版社，2018年10月第一版，70页。

颜杲卿之死为颜真卿一生所感念。颜杲卿死去二十八年后，颜真卿被叛臣李希烈所执，面对着同样的生死抉择，颜真卿骄傲地对李希烈提起了哥哥："君等闻颜杲卿无？是吾兄也。禄山反，首举义兵，及被害，诟骂不绝于口。吾今生向八十，官至太师，守吾兄之节，死而后已，岂受汝辈诱胁耶！"

"守吾兄之节，死而后已"，颜真卿做到了，终年七十七岁。

而回到颜杲卿就义的那个历史时刻，颜真卿并没被来势汹汹的胡骑吓倒，选择了在平原郡死战不休。

三

安史之乱的消息传来时，五十五岁的李白正盘桓于金陵。

虽说在范阳之行中已多少看出了安禄山造反的端倪，心理上已有准备，但渔阳鼙鼓一响，李白却发现自己的家庭仍然危机四伏：宗夫人在睢阳（今河南省商丘市睢阳区），爱子伯禽在鲁郡（今山东省济宁市兖州区），李白想赶在战火蔓延之前把他们接出来。

但先接谁呢？正当李白无计可施之际，门人武谔特意赶到了李白身边，自愿乔装打扮为叛军士兵，冒险帮李白去接伯禽，李白只要负责宗夫人即可。

李白在酒酣中感激地给武谔写了首诗：

> 马如一匹练，明日过吴门。
>
> 乃是要离客，西来欲报恩。
>
> 笑开燕匕首，拂拭竟无言。
>
> 狄犬吠清洛，天津成塞垣。
>
> 爱子隔东鲁，空悲断肠猿。
>
> 林回弃白璧，千里阻同奔。
>
> 君为我致之，轻赍涉淮原。
>
> 精诚合天道，不愧远游魂。
>
> ——《赠武十七谔》

  武谔是一名春秋要离式的侠客，也是李白的弟子。我们无从得知武谔的武艺是否习自李白，但李白的剑术高明是于史有据的，据说还曾亲手杀过人，他对侠客生活的向往可以参见《侠客行》中的名句，"十步杀一人，千里不留行。事了拂衣去，深藏身与名"。

  李白在睢阳接到了宗夫人，雍丘、睢阳这一带本是两人定情之地，而今却是胡尘弥漫。但这对夫妇此时还不知道的是，他们躲过了一场大劫，再晚走几个月，睢阳即将爆发八年安史之乱中最惨烈的一战。

  为了躲避兵乱，李白带着宗夫人一路南逃，在溧阳（今江苏省溧阳市）的酒楼里碰见了草圣张旭。两人谈论时局悲愤莫名，李白夸张旭乃知兵之英豪，"楚人每道张旭奇，心藏风云世莫知。

三吴邦伯多顾盼，四海雄侠皆相推"。即使在逃难中，李白仍心系庙堂，认定自己像落魄时的韩信和张良一样，空有灭胡之策而无用武之地：

贤哲栖栖古如此，今时亦弃青云士。
有策不敢犯龙鳞，窜身南国避胡尘。

——《猛虎行》（节选）

李白一路听到了无数兵败的消息，他一度深感复国渺茫，欲效申包胥哭秦庭而无人可哭。从不坠青云志到避乱求生，诗人的心情起伏过大：

函谷如玉关，几时可生还？
洛川为易水，嵩岳是燕山。
俗变羌胡语，人多沙塞颜。
申包惟恸哭，七日鬓毛斑。

——《奔亡道中五首》之四

一直到天宝十五载（756）秋，李白才与宗夫人在庐山安定下来。

李白南逃时，还没从丧子之痛中走出的杜甫告别了奉先的家人，于天宝十五载二月，独自返回长安。潼关失守后，杜甫也像李白一样，带着家小走上逃难之路。

中原军兴时，王昌龄还在贬斥地龙标（今湖南省怀化市），他很快会一路北上，却无法预料这是一条绝命之路。

封常清殒命潼关时，他的幕僚岑参还在北庭。

天宝十四载（755）十二月底，高适也来到了潼关，领他来此守关的人是哥舒翰。

第五章

哥舒翰的膝盖
（天宝十五载六月初八）

天宝十五载（756）六月初四，在李隆基无间断的催战压力下，哥舒翰恸哭出潼关，将自己和唐帝国的国运投入未知的命运旋涡。

四天后（六月初八），哥舒翰大军在灵宝西原被诱入敌将崔乾祐的伏击圈，一天之内近二十万大军土崩瓦解，逃回潼关的只有八千余人，潼关遂于次日失陷。

数日后，被俘的哥舒翰在安禄山脚下屈膝乞降，将前半生的沙场荣耀葬送于这一跪中。

三年后，杜甫路过潼关，一代天骄哥舒翰已成了他诗中的"慎勿学哥舒"：

> 士卒何草草，筑城潼关道。
> 大城铁不如，小城万丈余。
> 借问潼关吏，修关还备胡。
> 要我下马行，为我指山隅。
> 连云列战格，飞鸟不能逾。
> 胡来但自守，岂复忧西都。
> 丈人视要处，窄狭容单车。
> 艰难奋长戟，万古用一夫。

哀哉桃林战,百万化为鱼。
请嘱防关将,慎勿学哥舒。

——《潼关吏》

一

天宝十四载(755)十二月十九日,也就是洛阳失陷后第七天,高仙芝和封常清被杀第二天,李隆基在长安召见了哥舒翰。哥舒翰虽是河西和陇右双料节度使,但这一年二月在入京述职途中,洗澡时突发中风,昏倒很久才苏醒过来,之后半身不遂的他一直在长安休养。

李隆基想起用哥舒翰,让他接下平叛主帅的关键位子。哥舒翰对此百般推辞,他这样一个病废之人确已不适合带兵上阵,更何况高仙芝和封常清殷鉴在前,这是一个前有安禄山后有李隆基的高危职位。

但李隆基主意已定。

李隆基为何坚持要用哥舒翰?原因大概有三点。

第一,在高仙芝和封常清被杀之后,哥舒翰已成为大唐军界硕果仅存的宿将,他在大唐西北军中的威望甚至还要高于高仙芝和封常清,值此天下糜烂之刻,李隆基尤其需要同时借重哥舒翰的帅才和威望。这可是在民间都被作为大唐军神传颂的哥舒翰，"北斗七星高，哥舒夜带刀。至今窥牧马，不敢过临洮"。

第二，在李隆基看来，举国之中能有足够实力对抗安禄山东北军集团的，只有大唐西北军这一系了。西北军主力一向是哥舒翰麾下的河西和陇右两大藩镇，何况在更广义的西北军中，郭子仪和李光弼的朔方军还未一展峥嵘，似乎尚在河东方向自顾不暇，安西和北庭军不仅人数本来就相对少，且在万里之外，当下能作为机动军团驰援长安方向的也只有编制总兵力十五万人左右的河西和陇右两军了。既然河西和陇右两军是平叛主力，那不用他们的主帅哥舒翰又能用谁？

第三，哥舒翰和安禄山早已形同陌路，李隆基不用操心哥舒翰的战意，更不必担心哥舒翰与安禄山私相授受。李隆基当年曾想做和事佬，特意让高力士设宴款待两人，让他们以兄弟相称。安禄山在席间向哥舒翰示好说："我父亲是胡人，母亲是突厥人，你父亲是突厥人，母亲是胡人，我们的血统如此相近，怎能不亲近友爱？"谁知道，哥舒翰不冷不热地掉了一句书袋："古人说，野狐向着自己出生的洞窟嗥叫，是不祥的征兆，因为它已忘本。你既愿意与我亲近，我怎能不尽心呢？"态度暧昧倒也罢了，安禄山误以为哥舒翰用野狐讽刺自己是胡人，大骂说："你这个突厥人竟敢如此说话。"哥舒翰正要起身回骂，高力士向他连使眼色，他这才作罢，装醉结束了酒局。调解失败，从此两人关系反而愈

第五章　哥舒翰的膝盖（天宝十五载六月初八）

加判若水火。

李隆基之后就没再管这事，从根本上，东、西军两大主帅交恶固然是个麻烦，但从军权制衡而言，总好过沆瀣一气，李隆基也就听之任之了。

自杨国忠天宝十二载（753）位极人臣后，他和哥舒翰为了对付共同的敌人安禄山，结成了政治盟友。为抗衡安禄山，杨国忠还通过政治运作将哥舒翰封为西平郡王。现在宿敌安禄山已兵临潼关城下，照理说，这本应是一次将相勠力同心、同仇敌忾的绝佳合作机会。

但是，大敌当前之际，这对盟友的关系却走向了决裂。

那么，从哥舒翰就任平叛主帅，到潼关被破的这半年时间里，杨、哥二人之间究竟发生了什么？是什么神秘的原因导致他们反目成仇？

一切或许可以从天宝十四载十二月十六日说起。这一天，李隆基再度下令亲征。

亲征不是什么新鲜事，以李隆基七十一岁的高龄，即使他是动真格的，亲征也更多是仪式性的，目的无非是激发唐军斗志。

但是，李隆基下亲征令时，还附加了一个很关键的信息：太子监国。无论是《旧唐书》《新唐书》还是《资治通鉴》，"太子监国"都赫然在目。

读者应该还记得，在李林甫时代，打压太子甚至可以说是最重要的政治主题，李林甫先是配合李隆基废掉了前太子李瑛，然后又一马当先地谋求倾覆太子李亨。李林甫打击太子特别是太子身边的势力，契合了李隆基防范储君的政治诉求，但李隆基并不想真正废掉李亨，李亨这才自李林甫的连环政治追杀中幸免。在倾轧李亨的过程中，杨国忠曾是李林甫的马前卒，这也间接促成了杨国忠的政治崛起，但也让他和李亨很早就成为政治对手——当然，储君与宰相的交恶，也一向是李隆基所乐见的。

经过了李林甫时代的腥风血雨，李亨在杨国忠时代的政治地位相对安全和稳固，至少没有什么大的政治运动发生。但是，李亨为此付出的代价是，他已经成为一个极其低调和边缘化的政治存在，除了给父皇提醒几句警惕安禄山造反之类的话，他对朝政的影响力已远远低于大唐东宫的历史权力均值。当然，这既是一种韬晦，也是因为茕茕孑立的李亨已经丧失了继续被打压的价值。

但如果被任命为监国，至少是给李亨谋求政治崛起提供了一种可能性，甚至可以这么说，安禄山的叛乱，给了李亨一次扩张并做实东宫权力的良机。[1] 很大程度上，这些本来就是太子理应享有的权力。

杨国忠知道可能让太子监国的消息后，大有如丧考妣之感，

---

[1] 参见任士英《唐代玄宗肃宗之际的中枢政局》，社会科学文献出版社，2003年12月第一版，207页。

其震惊程度甚至远远高于知晓安禄山起兵时。安禄山起兵时，杨国忠甚至有些预言兑现的炫耀感，归根到底，杨国忠根本不认为安禄山有触动他的核心政治利益的能力，更别说是取他性命。

但李亨监国却真正让杨国忠处于六神无主中。他深知，当年替李林甫构织的那些东宫冤狱，桩桩致命，这已经决定了他与李亨未来几乎没有任何政治和解的空间。李亨或许代表了未来，但杨国忠要尽可能地迟滞未来。

芒刺在背的杨国忠深知，唯有对杨氏外戚集团总动员一条路，才可能扭转乾坤。杨国忠警告虢国夫人和韩国夫人："太子厌恶我们家的专横久矣，如果监国一旦成真，我等死在旦夕。"杨国忠悲观地揣测，太子监国之后，李隆基可能还会直接将皇位"内禅"给李亨。

杨国忠之所以没有直接找杨贵妃，很可能是因为他和贵妃的关系平平，贵妃也不太喜欢卷入这些政治事务。不过，虢国夫人的政治能量并不在贵妃之下，她和杨国忠有私情，无论于家于私，都会鼎力相助。

虢国夫人和韩国夫人随即进宫，泣不成声地把"死在旦夕"这些话告诉杨贵妃。政治经验不多的杨贵妃被成功说动，或者说，是被"吓"动。按照《旧唐书》中的说法，贵妃找到李隆基"衔土请命"，也就是以死相逼，李隆基才被迫放弃太子监国的动议。至于两人互动的其他细节，李隆基为何会被杨贵妃劝阻成功，已成了历史之谜。

杨贵妃此次以死请命,是她十几年的宫廷生涯中最有影响力的一次干政,可以说也是唯一一次卷入皇权和太子的权斗,是权欲寡淡的她一次打破常规之举。她固然暂时迟滞了李亨的权力之路,但很可能也彻底得罪了李亨,这也为七个月后她在马嵬坡之变中的缢死埋下了伏笔,或者说,埋下了祸端。

贵妃既然卷入了杨家的政治阴谋,哪怕是被迫,哪怕真的只有这么一次,那么她日后被权力斗争所反噬也就没有什么冤屈可言了。而太子将来无论是对杨家动手,还是对贵妃出手,也就更无所谓有什么伤及无辜的道德负累了。

那此时仍未出场的哥舒翰呢?按照唐史学者任士英的说法,太子监国一事的翻覆,只是安史之乱中杨国忠与太子斗争的第一回合。①

第二回合就轮到哥舒翰出场了。

二

虽然监国被贵妃哭没了,但在李隆基的推动下,李亨的政治

---

① 参见任士英《唐代玄宗肃宗之际的中枢政局》,社会科学文献出版社,2003年12月第一版,211页。

崛起已无法阻挡。

哥舒翰上任时，有一个重要头衔是"皇太子先锋兵马元帅"。有一种大胆推测是，"说明潼关守军已在名义上归属太子控制、统领了，这也说明皇太子借局势巨变获得了在政治上崛起的时机"，"李亨拥有对守关大军的控制权，不仅对整个潼关战局的进程产生了决定性的影响"，且太子与杨国忠之间权力斗争的格局也发生了深刻的改变，杨国忠不再拥有碾轧式的优势。①

按照以上的精彩逻辑推演下去，我们或许可以认为，李亨在马嵬驿之变中的暧昧角色，特别是兵变后自立称帝，都与李亨半年前染指了兵权，哪怕是名义上的兵权，是关系万千的。

问题是，如果哥舒翰不配合，李亨的兵权可能也只会停留在名义上。但是，哥舒翰选择了主动向太子靠拢。

哥舒翰之所以"敢"这么做，最主要的原因是李隆基的默许甚至推动。毕竟，有当年大唐军界头号人物王忠嗣的前车之鉴——他仅仅因为莫须有的"与李亨交好"，就遭到了李隆基无情的政治清算。李隆基应该清晰地判断出，此时对皇权威胁最大的是安禄山，而不是他从前最忌惮的东宫；时移势变，他给予太子更多的政治空间，不仅可能有"上阵父子兵"的考虑，其中还不无以放

---

① 参见任士英《唐代玄宗肃宗之际的中枢政局》，社会科学文献出版社，2003年12月第一版，217—218页。

权来修补自身在安禄山造反当中严重受损的政治威望之考量，同时也不能忽视，私心之重如李隆基也有在危机中优先捍卫李唐天下的公心一面。

让太子掌权，或者说部分控制兵权，可以理解为李隆基制定的战时体制。

既然不用格外顾虑遭到皇帝的猜忌，哥舒翰主动向李亨靠拢就不难理解了，甚至是相对最佳的理性选择，顺应了李隆基最新的战时政治安排。就像本书多次强调的，太子代表了未来，即使是垂垂老矣的哥舒翰也是在乎未来的。

可以这么说，哥舒翰不是在皇帝与太子之间冒险选择了太子，他并不用进行这样高危的站队；哥舒翰只是在杨国忠与太子之间，高度理性地选择了太子。

如此就可以理解，哥舒翰和杨国忠这对政治盟友为何会遽然走向反目。他们虽然有共同的敌人安禄山，但杨国忠却将李亨崛起视作如临大敌、生死攸关，必倾全力地负隅顽抗；而作为李亨"兵权代理人"的哥舒翰，势必会成为杨国忠的重点打压对象，直至两败俱伤。

如果说前线战事千钧一发也就罢了，杨国忠和哥舒翰多少会因为大敌当前相忍为国，但问题是，自高仙芝和封常清被杀之后，安禄山出于称帝和河北不稳等多重因素，对潼关的战略压力减弱，一直处于无意西进的低压态势。

第五章　哥舒翰的膝盖（天宝十五载六月初八）

前线无战事，正是将相内斗白热化的最佳时间。

杨国忠开始将前盟友哥舒翰视作大敌，很可能始于安思顺被杀。之前提过，曾任朔方节度使的安思顺是安禄山无血缘关系的名义上的堂兄，但与安禄山长期不睦，还多次密报安禄山的反迹。李隆基在安史之乱爆发后以策万全还是剥夺了他的兵权，让他回长安当户部尚书。

而哥舒翰不仅与安禄山不和，与安思顺也长期关系紧张，缘于同在西北军时和安思顺维持了为期数年的正副职状态。天宝十五载二三月间，哥舒翰让人伪造了一封安思顺写给安禄山的密信，李隆基阅后勃然大怒，未经深入调查就贸然杀掉了安思顺。

这自然是一件挟私报复的冤案，但问题是，杨国忠出于某种隐情很想救安思顺。他可能找过了他从前的盟友哥舒翰，可能也在李隆基那里为安思顺求了情，但最终还是没有救下安思顺。我们无从得知杨国忠为何要救安思顺，但同样重要的是，杨国忠很可能通过营救失败发现了两件事：第一，哥舒翰和他不是一条心，他已明确表达了想救安思顺，但哥舒翰还是不愿意高抬贵手，这表明哥舒翰正和他对着干，最低限度也是渐行渐远，哥舒翰已经抛弃了和自己的政治联盟，选择了站队太子；第二，他想救的人竟然救不了，自己的政治能量受到了全面上位以来前所未有的挑战，而哥舒翰在李隆基那里的话语权正处于快速扩张中，其背后站着的李亨更是如此。

对此，《资治通鉴》很是言简意赅："杨国忠不能救，由是始畏翰。"就是说，安思顺事件是哥舒翰和杨国忠盟友关系正式撕裂的标志。

在杨国忠看来，这一事件甚至可以理解为，哥舒翰正作为李亨的代理人向自己全面宣战，且通过冤杀安思顺宣示了自身强大的政治能量。

哥舒翰的部将甚至表现得比他本人更为激进，很有些太子亲军的自觉感。哥舒翰的骑兵统领王思礼密信给哥舒翰，请求他向李隆基请旨诛杀杨国忠，哥舒翰不答应；王思礼又请求用三十名骑兵将杨国忠劫持到潼关，再行杀之，哥舒翰说："如果这样做，就是我哥舒翰谋反，和安禄山又有什么区别。"

唐人笔记《安禄山事迹》还记载了一种说法是，哥舒翰曾接到这样的进言："既然安禄山起兵的口号是杀杨国忠，我们何不将计就计，留两万人在潼关，大军主力由您亲率回师长安，诛杀杨国忠？"

如果这一说法是真的，那么就无异于密谋兵谏了；如果哥舒翰听从了这一计谋，那么就几乎等同于马嵬驿之变提前了几个月上演，且涉及兵力更多、规模更大。由此也可以看出，以王思礼为首的军中少壮派，不仅敌视乱国的杨国忠，而且政治立场亲近太子，他们也在推动哥舒翰和杨国忠交恶。军中此种"亲太子"和"诛杨"的政治倾向，可能并不是哥舒翰一军所独有，至少龙武大将军陈玄礼此时就有了诛杀杨国忠的意图，这些多少都会成为影响马嵬驿之变的变量。

杨国忠从密探那里得到了哥舒翰军中的这些异动和密谋，惊恐万状，特别是有人警告他说："今朝廷重兵尽在翰手，翰若援旗西指，于公岂不危哉！"

杨国忠立即觐见李隆基。他此时很可能并没有汇报哥舒翰诛杨之谋，他的说辞是："兵法说'安不忘危'，潼关大军虽盛，但缺乏殿后的后援军队，如果潼关战事失利，长安就危险了。我建议招募三千新兵，加紧训练以备不测。"之后，杨国忠又奏请再招募一万人屯兵长安以东的灞上，由心腹杜乾运统领。这两条，李隆基都允准了。

这是杨国忠的第一次反击。《资治通鉴》一针见血地指出，杨国忠募兵之举"名为御贼，实备翰也"。

截至此时，杨国忠的这些举动还远不是什么奸臣作祟的不可理喻，他只是想自保，通过抓兵权自保，更没有对唐军坚守潼关造成什么实质性的侵害。

但是，哥舒翰的迅速反击却将两人的交恶升级至无法收拾的境地。哥舒翰上表请求将灞上的军队纳入潼关统一指挥；六月初一，又以商讨军情为名，将杜乾运骗到潼关大营，不仅杀了杜乾运，还吞并了杨国忠这支军队。

可以说，哥舒翰此举彻底逾越了杨国忠的底线，将潜于水下的政治阴谋升级为兵戎相见。杨国忠一边对儿子哀叹"我将死无葬身之地",一边酝酿第二次反击,更大强度的反击。而这次无底线的反击不仅将吞噬哥舒翰,还有杨国忠自己,甚至连李隆基都在劫难逃。

三

天宝十五载（756）正月,在颜杲卿就义后,唐军河北敌后战场遭受重创,史思明和蔡希德兵锋所至,很多刚刚反正的河北诸郡,如邺、广平、巨鹿、赵、上谷、博陵、文安、魏和信都又落入了叛军手中。

从兄死了,但颜真卿没有停止战斗。在极端困苦的处境下,颜真卿纵横捭阖,联合清河与博平两郡的军队,大败两万叛军,再次收复了魏郡。

此时正逢平卢将领刘正臣起兵叛燕,颜真卿为了坚定他的想法,派人渡海给他送去十多万军费,并将自己的儿子颜颇送到平卢作为人质。颜颇此时刚满十岁,但颜真卿为了平叛大局还是把他送了过去。

尽管颜真卿在河北的敌后抵抗已做得足够优异,但他毕竟是文官出身,擅长的不是亲临战阵,他在河北的成就主要是由坚忍、威望和胸襟所取得的，和指挥作战关系并不大。更何况，颜真卿只有平原一郡之地，军队除了战斗力不高的郡兵之外，都是些近乎乌合之众的新兵，面对的又是叛军名将史思明和蔡希德以及数万叛军精锐。颜真卿几乎没有可能以一隅之地扭转整个河北的战局，自保才是河北唐军最有可行性的出路。

此时，日后平定安史之乱的真正主角终于出场了：郭子仪和李光弼，世称"李郭"。郭子仪虽然名气更大，号称中兴第一名将，但相对李光弼而言，他其实更擅长知人善任和调兵遣将等战略层面的事；而李光弼则是真正的战场天才，用兵常常以少胜多，《新唐书》说他"战功推为中兴第一"。李光弼代郭子仪担任朔方节度使时，号称"营垒、士卒、麾帜无所更，而光弼一号令之，气色乃益精明云"。

天宝十五载元月，郭子仪向李隆基推举李光弼为河东节度副使，还大度地分给他一万朔方精兵。次月，李光弼率领"蕃、汉步骑万余人，太原弩手三千人"从太行八陉之一的井陉口突然进入河北，几天后便杀到常山郡。常山毕竟是颜杲卿就义之地，常山三千团练兵发动兵变杀掉了留守胡兵，擒获守将安思义后举城归降李光弼。

安思义被劝降后，向李光弼献计说："我军长途奔袭已经人困马乏，如果与史思明的骑兵猝然遭遇，恐怕胜算不大，不如移军入城以逸待劳，早做守城准备，史思明的先锋恐怕明天早晨就会杀到常山了。"

果如安思义所料，史思明闻讯常山失守后，断然放弃了已围城二十九天的饶阳郡（今河北省衡水市附近），次日清晨其前锋已至常山，史思明率主力在后，总兵力两万多人。

李光弼先用弩手击退史思明的骑兵，再趁叛军在野外吃饭时，派步骑各两千发动突袭。叛军弃甲曳兵，史思明只得率军退守九门县（今河北省石家庄市藁城县），与李光弼军相持。

常山大捷后，常山郡所属九县中有七县反正，归附李光弼。

但对李光弼而言，此时仍是敌强我弱。他据守常山城，与史思明军相持了四十余天。眼见无法打破战场僵局，粮道还有被切断的风险，李光弼便派信使向郭子仪紧急求援。天宝十五载四月初九，郭子仪率朔方军主力也走井陉口到达常山，与李光弼会师。合兵之后，郭李二军总兵力号称十余万。

两天后（四月十一日），郭子仪、李光弼率军与史思明战于九门城南，史思明大败。九门之战后，史思明率残部逃往赵郡，唐军跟踪追击至赵郡，史思明只得又逃往博陵郡，才稳住了阵脚。

安禄山得知河北兵败，即命从河北逃回洛阳的大将蔡希德率步骑两万回援史思明，又命范阳守将牛廷玠调集范阳等郡郡兵万余人南下，增援史思明。史思明重整残军，与两路援军合兵五万余人，其中同罗、曳落河精骑占全军的五分之一，可见安禄山下了血本，河北不容有失。

第五章　哥舒翰的膝盖（天宝十五载六月初八）

即使总兵力已不逊于叛军，但郭子仪和李光弼还是很畏忌对方的骑兵冲击优势，尤其是号称叛军中最精锐的曳落河骑兵。因此郭子仪下令不与叛军进行野战，而是深沟高垒，同时采取疲敌战术，敌来则守，去则追击，白天耀兵扬威，夜晚骚扰敌营，叛军日夜疲于应付。

五月二十九日，郭李二人感觉敌军精疲力竭，出战时机已成熟，便下令全军出击，与史思明军大战于嘉山，大获全胜，号称斩首四万级，俘获千余人，缴获战马数千匹。史思明在溃败中坠马，披头散发光着脚，拖着断枪，晚上才狼狈逃回军营，随即退往博陵。李光弼乘胜追击，进围博陵。

嘉山大捷后，郭李二人威震河北，河北十几个郡杀掉叛军守将而归顺唐军。开战七个月以来，河北打成了拉锯战，河北已往复"反正"了几个回合，唐军势大则从唐军，叛军势大则从叛军，因此要谨慎看待正史中所谓的唐军民心所向，什么"如大旱之望云霓"之类话语，切莫较真。当然，这里并无意否认颜杲卿、颜真卿兄弟的威望和忠义。

嘉山大捷让唐军处于自开战以来的最佳战略态势：潼关拒敌于坚城下，潼关守军人数远多于与之在陕郡相持的叛军，挫败了对方的多次进攻；河北战场新败的史思明麾下只剩一支残军，且范阳至洛阳的交通线被唐军切断，家在范阳的叛军士卒人心浮动，唐军则斗志正旺；江淮战场上，在吴王李祗、张巡和鲁炅等人的狙击下，叛军裹足不前，短期内难以危及唐朝的江淮经济命脉。

安禄山则陷入了迅速输掉战争、身败名裂的深层恐惧之中，他已经开始考虑放弃都城洛阳，回撤范阳了。这并非反应过激，毕竟，郭子仪此时正在"北图范阳"。

安禄山大骂怂恿他起兵的两大谋主——高尚和严庄："你们几年前就让我起兵，还说什么万无一失。现在潼关已经数月攻不下来，到范阳的路也被切断了，我能控制的只有汴、郑数州而已，你们说的'万全'去哪里了！我以后都不会见你们两个了。"

高尚、严庄二人被吓得很多天不敢来见安禄山，叛军上下人心惶惶。此时恰逢安禄山爱将田乾真从潼关前线回来，得知此事后规劝安禄山："自古帝王经营大业，皆有胜败，岂能一举而成！现在看起来我们是四面受敌，但其实唐军都是新招募的乌合之众，没有临阵经验，岂能敌我蓟北劲锐之兵，何足深忧！高尚、严庄都是追随陛下多年的开国元勋，一旦突然弃用，诸将知晓后岂不是人人自危？如果上下离心，臣真的要为陛下感到前途未卜了。"

安禄山数日以来的心结刹那间被化解，快慰地喊着田乾真的小名说："阿浩，没有人比你更能体察我的心事。"于是他立即召唤高尚和严庄参加酒宴，据说席间还亲自唱《倾杯乐》助兴，君臣和好如初。

田乾真将安禄山濒临崩溃的心态导回了正轨，但大燕朝的战略态势的确是危机四伏。如何破局？

第五章 哥舒翰的膝盖（天宝十五载六月初八）

安禄山将目光投向了潼关。

四

杨国忠也将视线投向了潼关。哥舒翰大军的威慑力让他寝食难安，不反击就等同于坐以待毙。

但哥舒翰并不易对付。他手握近二十万大军，身后站着崛起中的太子李亨，还拥有李隆基的信任，杨国忠只能伺机而动。

焦灼的窥伺中，杨国忠收到了一则情报：崔乾祐在陕郡，兵不满四千，皆羸弱无备。

这则情报打开了杨国忠的思路。站在杨国忠的角度，如果催促哥舒翰早日大举出关，就可以尽快击败崔乾祐，进而解除叛军对潼关的威胁，那么届时解除哥舒翰的兵权就名正言顺了——毕竟半身不遂的哥舒翰并不适合承担直捣范阳的远距离流动作战。退一步说，即使哥舒翰率军横行河朔，这支军队也丧失了对长安和杨国忠卧榻之侧的威胁，兵谏之类的隐忧更无从说起。

对于杨国忠而言，无论是以上哪种结果，都比让哥舒翰长期耗在潼关的风险更可控。

当然，这里预设的是理性版的杨国忠，看起来甚至显得有些良善。

还有些分析预设的是非理性版的杨国忠，比如这一条，"杨国忠是估计到敌我双方实力，知道出关必败，其所以……催促哥舒翰出征，恰恰是将别人推入死亡的深渊"[1]。

杨国忠或许没有多少忠君爱国之心，某些行径甚至可以定义为邪恶，但他绝不会愚蠢到为了除掉哥舒翰而不惜同归于尽。说同归于尽或许过了，但杨国忠不可能装作不知道，潼关失守就意味着长安不保，而长安不保则会一次性打开帝国倾覆的潘多拉魔盒：安禄山的骑兵追杀，李隆基的皇权失位，大唐的江山易主……

别忘了，杨国忠一直看不上安禄山，自他知道范阳起兵的第一天起，就偏执地认为叛军不堪一击，安禄山不日授首。也正因为这样，他才把哥舒翰和太子视作头号大敌。

杨国忠出关决战的想法得到了李隆基的大力支持，更准确地说，这事本来就是李隆基一力推动的，只是"碰巧"符合了杨国忠隐秘的政治诉求，得到了杨国忠的积极襄助。

李隆基为何如此想让哥舒翰出关决战？原因也并不复杂，他朝思暮想的不仅是平叛，更是尽快反攻，哥舒翰赴潼关上任时带的任务就是"会攻洛阳"，郭子仪出兵河北时接到的旨意也是"进取东京"。

只有尽快平叛，才能挽救李隆基日渐流失的政治威望；只有

---

[1] 参见许道勋、赵克尧《唐玄宗传》，人民出版社，2015年3月版，498页。

尽快平叛，才能令开天盛世恒久远；也只有尽快平叛，李隆基才能将盛世之君的神圣人设安放在苍穹之上……

李隆基比杨国忠更真诚地相信，安禄山已是四面楚歌，兵力占绝对优势的潼关大军出关之日，便是叛军全面溃败之时。更何况，数月以来唐军在各大战场上的捷报频传，也可以佐证李隆基的军事乐观主义。

那么，潼关守军的真实状况如何？

从兵力来看，潼关守军号称二十万，且不说这个数字有多少水分，最重要的是，这是一支缺乏训练和整合的杂牌军，有新兵，有诸蕃部落兵，有从洛阳、陕郡撤下来的残兵。诚然，这支军队的战斗力要强于封常清和高仙芝两军，河西和陇右两镇的勤王之军已陆续到位，这些都是哥舒翰的老部队，调度起来也顺手；但是，这支军队的主要构成还是新招募的市井之徒，他们从军兴之初就成为唐军的最大软肋，一触即溃，一溃即散，用于守关或许还有一战之力，一旦出关野战，可能连叛军精锐骑兵随便一次正面冲击都经受不起。

更何况，哥舒翰本来就身患中风，和杨国忠的暗战又牵扯了太多精气神，已无法胜任日常军务，只得让王思礼主管骑兵，李承光主管步兵，偏偏王思礼和李承光又互不买账，致使军中号令不一，兵无斗志。

没有人比哥舒翰更知道手中这支军队的真实战斗力。面对李隆基的催战令，他赶紧上奏："安禄山身经百战，不可能无备而来。说陕郡只有四千老弱病残，这一定是他们主动放出的假情报，意在诱使我大军出关。此时出关，正中了他们的圈套。而且叛军远道而来，利在速战；我军据险防守，利在坚守。时间站在我们这边，陛下何必急于一时，再等等其他勤王之兵吧。"

郭子仪和李光弼也看到了出关决战的巨大风险，上奏陈述个中利害："现在安禄山的主力都在宛洛一带，其他军队都交给史思明防守河北了，我军只要击破史思明，便可以端掉安禄山的范阳老巢。到时候把留在范阳的叛军家小作为人质，用来招降叛军，贼必内溃。既然有这么稳妥的取胜之策，又何必在潼关进行无谓的冒险呢？一旦潼关战败，继而长安失守，那战局就不堪设想了。"

哥舒翰、郭子仪和李光弼三人的劝诫，都拦不住李隆基、杨国忠君臣二人轻于一掷的冒险冲动。更何况，杨国忠还是私心作祟，他一定会尽全力让李隆基坚持原议。

李隆基的信使络绎不绝地来到潼关，哥舒翰就像岳飞一样，在数道金牌的压力下，最终决定出兵。

天宝十五载六月初四，哥舒翰挥泪出关。就在三天前（六月初一），他刚刚诱杀了杨国忠的亲信将领杜乾运，但无人能料到，杨国忠的反击来得如此迅速狠辣。

六月初七，唐军在灵宝西原遭遇了据险布阵的崔乾祐叛军，这里南面靠山，北临黄河，中间是一条七十里长的狭窄山道。

初八是决战日。哥舒翰的兵力配置是，王思礼率五万精锐作为先锋，十万大军紧随其后，他亲领三万人作为预备队，在黄河北岸高处击鼓助势。崔乾祐示敌以弱，不仅出战军队不足一万人，而且队列不整，三五成群，有疏有密，前后不一，唐军顿生轻敌之心。十八万唐军对战数千叛军，压倒性的兵力优势让战前还忧心忡忡的哥舒翰放松了警惕，敦促大军进入隘道向前挺进。而叛军甫一接战即望风披靡，一路逃往隘道深处。正当哥舒翰觉得胜局已定之时，叛军伏兵突然杀出，居高抛下滚木礌石，挤在隘道中的唐军无处藏身，死伤枕藉。

哥舒翰见势不妙，急令用"毡车"开路，冲击敌阵，想凭借兵力优势生生冲出一条血路。毡车是一种用毛皮包裹、由马匹牵引的战车，可以抵御箭矢。崔乾祐早已预备了后手，用数十辆草车堵在毡车的必经之路上，放火焚烧，此时又刮起东风，一时间烟尘滚滚。唐军看不清目标，只知道朝着烟雾胡乱放箭，直到太阳西沉，弩箭用尽，唐军才发现敌人不在烟雾中。

日落时分才是崔乾祐的总攻时刻。叛军精骑绕道南山，陡然从唐军背后杀出，唐军腹、背、侧三面受敌，这支以新兵为主的军队顿时分崩离析，有的人弃甲逃入山谷，有的人挤落黄河淹死，惨叫声、呼号声响彻战场，据称仅淹死的唐军就有数万。

绝望的唐军把军械捆绑在一起当作小船，以枪当桨，奋力划向黄河北岸，最终上岸的士兵仅有十之一二。

乱战之中，哥舒翰已经丧失了有效指挥的可能性，只得自己带着一百多骑兵逃往潼关。但剩下的唐军就没这么好运了，他们逃过了战死和淹死，却死在了潼关城下。潼关城外挖有三条堑壕，均宽二丈，深一丈，逃回的唐军坠落无数，深沟须臾而满，后面的人踩踏在他们的身体上才跑回潼关。战后清点残兵人数，近二十万大军，劫后余生的只有八千余人。

惨败过后，惊魂未定的哥舒翰在关西驿收拾残军，本想固守潼关，但适逢崔乾祐率军杀来，哥舒翰麾下的蕃将火拔归仁等人眼见势不可为，就劫持了哥舒翰准备归降叛军。哥舒翰愤然质问，火拔归仁回答说："公一战损失了二十万大军，还有什么面目去见天子！公难道忘记了高仙芝和封常清的下场了吗？"当哥舒翰硬气地表示宁死不降后，火拔归仁就将哥舒翰的双脚绑在马腹上，连同其他不肯投降的将领，一起带去敌营。

直至此刻，哥舒翰的表现都是颜杲卿级的：战前极力劝阻出兵，战败后重燃斗志整军再战，被挟持后拒绝苟且偷生。但是，几天后哥舒翰被送到洛阳见到大燕雄武皇帝安禄山的那一刻，他的意志瞬间就崩溃了，或许是"慷慨赴死易，从容就义难"，又或者是安禄山称帝后自带王者之气，总之安禄山才问了一句："你过去一直藐视我，现今又如何呢？"哥舒翰扑通就跪倒了，伏地叩首说："臣肉眼不识陛下，以至于此。现今天下未平，李光弼在常山，李祗在东平，鲁炅在南阳，只要陛下饶臣一命，我愿写信招降他们，可一举平定这三面唐军。"安禄山大喜，当场将哥舒翰封为司空，又以叛主为由，砍了火拔归仁的头。

哥舒翰的三封招降信没有取得任何积极反馈，回信都在痛骂他不为大唐死节。安禄山大失所望，索性把丧失利用价值的哥舒翰囚禁在洛阳，弃之不理。

一年后，安禄山之子安庆绪在兵败弃守洛阳之前，随手杀掉了哥舒翰。这一次，哥舒翰连一个跪地乞活的机会都没有，就毫无声息地死去了。死亡是一面镜子，反射出生命在它面前做的各种姿态是如此的徒劳。

李隆基获悉哥舒翰被俘的那个深夜，他与杨玉环正在通往马嵬驿的永诀之路上。

第六章

杨玉环的香囊
（天宝十五载六月十四）

天宝十五载（756）六月十四日，是李隆基弃长安的第二天。逃亡队伍上午从金城县出发，约走了二十八里路，中午抵达了马嵬驿（今陕西省咸阳市兴平县西北），一个距离长安一百一十里出头的驿站。

前一天凌晨，这支队伍从微雨沾湿的长安秘密出发，赶了一天路，半夜走到金城县才睡下，次日上午没睡醒就又起身赶路了，所有人脸上都带着疲惫未消的神色。一路上预期中的迎驾场面也没出现，咸阳县令和金城县令早已逃得无影无踪，无人接驾，无人提供饭食，连李隆基都是靠杨国忠路上买的胡饼充饥，皇孙们也直接抢粗粮吃，更何况那数千禁军呢，半饥半饱而已。

在饥饿与疲惫之中，逃亡的沮丧情绪被逐渐放大，在马嵬驿，禁军的怒气到了一个临界点。

这时候，只要有几个聪明人在背后挑唆，甚而是有组织地制造愤怒和推波助澜，那么，怒火就可燎原，引燃一个王朝。

于是，史上就有了马嵬驿之变，就有了：

    翠华摇摇行复止，西出都门百余里。
    六军不发无奈何，宛转蛾眉马前死。

第六章　杨玉环的香囊（天宝十五载六月十四）

花钿委地无人收,翠翘金雀玉搔头。
君王掩面救不得,回看血泪相和流。

——《长恨歌》(节选)

一

关于马嵬驿之变的过程,史书的记载给人一种几笔带过的感觉,缺乏宫廷政变中理应弥漫的悬疑感。

马嵬驿之变按照时间线可以分作上下两个半场:诛杀杨国忠、缢杀杨贵妃。

兵变的主体是禁军,他们为何要杀杨国忠?正史里没有争议的部分是:饥疲交加的禁军到了马嵬驿就再也不愿意走了,也就是所谓的"六军不行",群情激愤;禁军龙武大将军陈玄礼便与诸将商量,将今日的大败局都推在了杨国忠身上,即所谓"天下崩离""社稷不守",于是提出诛杨以谢天下的方案,顷刻间得到了军中上下的拥护。

但这里可能存在一个小的争议:杀杨国忠究竟是以禁军的自发意愿为主还是陈玄礼的挑唆推动为主?比如《旧唐书·杨国忠传》和《新唐书·杨国忠传》中都有陈玄礼"惧乱"的说法,似乎他提出杀杨国忠是为了因势利导平息禁军愤怒,言语中甚至有点儿不得己的意思；但《资治通鉴》更倾向于认为诛杨是由陈玄礼主导推动，没有提"惧乱"，而是直接说"陈玄礼以祸由杨国忠，欲诛之"。

但等到杀杨国忠的那一刻，直接理由却不是之前的"社稷不守"，而变成了"杨国忠与胡虏谋反"。当时的情景大致是这样的：陈玄礼带着禁军准备发动兵变诛杨之前，偶然发现杨国忠被二十多个吐蕃使者拖着说事，吐蕃人应该只是因饥饿讨要食物，但禁军们很可能觉得"杨国忠勾结吐蕃谋反"这个临时加上的诛杨理由更加有煽动力，就高喊着这句话发动了马嵬驿之变。

杨国忠被杀时几乎未经任何抵抗，但他应该是在试图逃跑时被乱兵杀死的。《资治通鉴》的描写已经足够血腥，又是碎尸，又是砍头，"国忠走至西门内，军士追杀之，屠割支体，以枪揭其首于驿门外"，但《新唐书》更是多了一个乱兵吃杨国忠肉的可怖情节，"争啖其肉且尽"。

在唐人笔记《安禄山事迹》中，杨国忠死前还留下一句话，大意是"你们这些人难道想效法安禄山，做逆贼造反吗"，乱兵们回应说："你就是个逆贼。"《安禄山事迹》还特意记录下了诛杨英雄的名字，"骑士张小敬先射国忠落马"，马伯庸就凭着这仅有的一句话，惊才绝艳地给张小敬创作了一本书：《长安十二时辰》。

即使在兵变的上半场，死的也不止杨国忠一人。贵妃的姐姐韩国夫人、杨国忠的长子杨暄当场被杀；时任户部侍郎的杨暄死得很惨，据说是逃跑时坠马，"身贯百矢"；御史大夫魏方进才说了一句"汝曹何敢害宰相！"就被乱兵杀掉；左相韦见素也差点儿被杀，他只是出屋子看了看，就被乱兵打得血流满面，所幸人群中有人高喊"勿伤韦相公！"并出手相救，韦见素才逃过一劫。

最冤枉的是那二十多个吐蕃使者，只是因为饥肠辘辘求助于杨国忠，就在兵变中被当作谋反同党悉数斩杀。杀使事件有没有引起吐蕃方面的震怒，特别是与吐蕃军队这年年底大举攻唐夺回石堡城之间有没有联系，虽未看到史书上有明确记录，但至少作为出兵借口是很符合逻辑的。

但杨国忠被杀一点儿都不冤枉，他不仅是李隆基时代二十六位宰相中最差劲的一位，而且他的"逼反"构成了安禄山起兵的重要原因之一。而且，在安史之乱爆发后，杨国忠前期的盲目乐观，以及潼关失守后的张皇失措，特别是因为内斗逼迫哥舒翰出关导致近二十万大军尽没，如果不考虑李隆基，杨国忠是无可推卸的主要责任人。杨国忠被杀还有一个重要原因是，安禄山起兵的首要理由就是"诛杨"，无论这个说辞多么虚妄，但"杨国忠是引发战乱的罪魁祸首"这个政治叙述已经深植于大唐军民心中，只待像陈玄礼这样的有心人去操纵、去点燃。

李隆基第一时间就得知了杨国忠被杀的消息，震惊之余，他没有时间去哀伤，即时下决心"弃子"。李隆基召见陈玄礼等高级将领，拄着手杖亲自出面宣慰乱兵，意图无非是在事后追认诛杨的合法性，让禁军上下宽心。他甚至临时编瞎话外加许愿："朕虽然长期被杨国忠蒙蔽，但最近也醒悟了，本来就计划一到剑南即公开处斩杨国忠。现在将士们受神明的引导，提前帮朕实现了这个愿望，朕一定会不吝奖赏你们的忠勇行为。"

但李隆基的低姿态完全没有起到预想中的安抚效果，禁军拒绝了要求他们收队回营的圣意。

禁军们还想要什么？

李隆基让高力士去找陈玄礼沟通，得到的回答是："国忠谋反，贵妃不宜供奉，愿陛下割恩正法。"按照兵变参与者的逻辑，杨贵妃不死，就是"贼本尚在"。

这显然逾越了李隆基的底线，但他心知兵变难息，在给了一个不置可否的答复"朕当自处之"之后，一个人拄着手杖，垂着脑袋，踽踽独行，之后又默默伫立了很久，沉吟不决。

但乱军们还能等多久？

危在旦夕之时，宰相韦见素之子、京兆司录韦谔站了出来，催促李隆基当断则断："今众怒难犯，安危在晷刻，愿陛下速决！"韦谔深知犯了大忌，磕头到流血不止。

方寸已乱的李隆基试图做最后的挣扎："贵妃常居深宫，安知国忠反谋！"很显然，他还心存侥幸，希望能为贵妃留得一命。

这时候，高力士的一番话击破了李隆基最后的幻想，起到了一锤定音的效果："贵妃诚无罪，然将士已杀国忠，而贵妃在陛下左右，岂敢自安！愿陛下审思之，将士安，则陛下安矣。"

第六章　杨玉环的香囊（天宝十五载六月十四）

是啊，你要让发动兵变的禁军心安，怎能不杀掉贵妃以绝后患呢？高力士这番话的最要害之处在于，"将士安，则陛下安矣"，几乎是明确表态，不杀杨贵妃，则李隆基性命难保。

李隆基其实已经没有了选择权，他最后只能接受现实，将杀贵妃一事全权交给了高力士。高力士将贵妃带到了佛堂，"缢杀之"。但贵妃究竟是自缢而死，还是高力士动的手，并没有准确的说法。

贵妃死前和李隆基有没有做最后的告别，贵妃有没有留下遗言，正史中对此语焉不详。野史《杨太真外传》倒是营造了一个凄美的临别场景，贵妃泣不成声，语不胜情，对李隆基说："皇上保重，妾诚负国恩，死无恨矣。乞容礼佛。"黯然神伤的李隆基回答："愿妃子善地受生。"这段话自然是事后渲染的成分更大，但至少逻辑自洽地解释了杨贵妃为何死在佛堂。

美国诗人 W.H. 奥登有一句诗挺适合贵妃："他曾经是我的东，我的西，我的南，我的北……我的正午，我的夜半，我的话语，我的歌吟；我以为爱可以不朽：我错了。"

十六年前，也就是开元二十八年（740）十月，五十六岁的李隆基和二十二岁的寿王妃杨玉环在骊山第一次幽会，背后的安排者正是高力士；十六年后，又是高力士，将三十八岁的贵妃杨玉环从七十二岁的李隆基生命中抽离出去。

他们必须相爱，而后死亡将他们分开。

杨玉环断气后，高力士将她的尸体放在驿站的大堂中，让陈

弃长安

玄礼等禁军高层来做个见证，反复确认贵妃身亡后，这些人才卸甲向李隆基请罪。但万念俱灰的李隆基又能说什么呢？乱兵们知道贵妃已死的消息后，才渐渐散去。

高力士派人将贵妃用紫色的被褥包裹，草草下葬在马嵬驿西面的路边。一年多后，当李隆基秘密下令改葬贵妃，太监们发现贵妃"肌肤已坏，而香囊仍在"；将香囊呈给李隆基时，"上皇视之凄惋"，老泪纵横，往昔欢爱唯余一香囊。

据《杨太真外传》所载，安禄山知晓贵妃香消玉殒于马嵬驿的消息后，"数日叹惋"。当年宫中那些安禄山认贵妃为干妈、贵妃命宫女给安禄山"洗三"的荒唐事虽属逢场作戏，但情分终究是有的。

兵变发生时，虢国夫人及儿女，杨国忠之妻裴柔和幼子杨晞可能恰好不在现场，逃过了第一劫。这一行人逃亡至陈仓（今陕西省宝鸡市）时，被陈仓县令薛景仙带兵擒杀。还有一种更有戏剧性的说法是，虢国夫人和裴柔走投无路时决定自杀，虢国夫人先杀掉自己的儿女，再应裴柔的要求杀掉了她，之后自刎而未死，被投入陈仓监牢时还在问追杀他们的是何人："国家乎？贼乎？"狱吏模棱两可地回答："互有之。"其后虢国夫人因伤重死于狱中。有种推测是，虢国夫人一直到死前可能都不知道发生了马嵬驿之变。[1]

马嵬驿之变中，杨国忠一家和杨氏家族几乎被灭门。杨国忠

---

[1] 参见许道勋、赵克尧《唐玄宗传》，人民出版社，2015年3月版，526页。

第六章　杨玉环的香囊（天宝十五载六月十四）

三子杨晓逃到了汉中,被汉中王李瑀捶击而死,再加上留在长安被叛军杀死的次子杨昢,杨贵妃三姐妹、杨国忠夫妻及四个儿子尽数被杀,大唐天宝时代最显赫的杨氏家族成为盛世破碎的人殉。

离马嵬驿之变还不到一年,至德二载(757)春,被叛军拘禁在长安的杜甫偷偷来到了城市东南角的曲江池,感怀昔日胜景和贵妃之死,写下了一首盛世挽歌:

> 少陵野老吞声哭,春日潜行曲江曲。
> 江头宫殿锁千门,细柳新蒲为谁绿?
> 忆昔霓旌下南苑,苑中万物生颜色。
> 昭阳殿里第一人,同辇随君侍君侧。
> 辇前才人带弓箭,白马嚼啮黄金勒。
> 翻身向天仰射云,一笑正坠双飞翼。
> 明眸皓齿今何在?血污游魂归不得。
> 清渭东流剑阁深,去住彼此无消息。
> 人生有情泪沾臆,江水江花岂终极!
> 黄昏胡骑尘满城,欲往城南望城北。
>
> ——《哀江头》

长久以来,贵妃之死似乎是马嵬驿之变的中心事件,但如果撤去文人式的情怀,就政治谈政治的话,这样的结论可能更为公允："事变的中心乃是宰相杨国忠的被杀，杨贵妃之死只是事变的一个惯性的必然结局。"①

二

马嵬驿之变的主体参与者是禁军，直接策划和指挥者是禁军最高长官陈玄礼，兵变不是一次单纯的军士自发行动，以上这三点在今日几成定论。大的争议在于，陈玄礼背后还有无其他同谋，甚或幕后主谋？

一种猜想是高力士为主谋，马嵬驿之变是内廷宦官和外朝宰相之间的政治斗争。②

首先，依照高力士主谋说，禁军在开元时代就已被高力士控制，连陈玄礼都唯他马首是瞻，因此他具备了幕后操纵兵变的能力。还应考虑到，军队基层的主导价值观之一就是朴素的忠奸意识，高力士、陈玄礼以诛奸相为口号斩杀杨国忠是一呼百应之事。

其次，高力士对杨国忠弄权早有不满，具备了发动兵变的动机。

---

① 参见任士英《唐代玄宗肃宗之际的中枢政局》，社会科学文献出版社，2003年12月第一版，226页。

② 参见黄永年《六至九世纪中国政治史》，上海书店出版社，2004年7月第一版，262—265页。

仅在天宝十三载（754），高力士在李隆基面前就至少两次竭力攻讦杨国忠：一次是二度征伐南诏惨败之后，李隆基还踌躇满志地说："朕今老矣，朝事付之宰相，边事付之诸将，夫复何忧！"高力士忧心忡忡地回应："臣闻云南数丧师，又边将拥兵太盛，陛下将何以制之！臣恐一旦祸发，不可复救，何谓无忧也！"李隆基以自己还需思量为由叫停了高力士的进谏。还有一次是关中发生水灾，杨国忠专拿好庄稼给李隆基看，还说"雨水虽多并未伤害庄稼"，不放心的李隆基对高力士说："淫雨不已，卿可尽言。"高力士直言不讳："自陛下以权假宰相，赏罚无章，阴阳失度，臣何敢言！"李隆基听完默然以对。

可以看出，高力士与杨国忠的矛盾，固然可能主要是内廷宦官和外朝宰相争宠弄权，但其中也不无高力士忧虑朝政日趋败坏的公心使然。当高力士发现通过进谏已无法扳倒杨国忠，特别是已到了弃长安的国家兴亡关头，他在非常之时选择兵谏来攘除他认定的祸乱之源，也在忠君报国的大逻辑之中。

再次，从马嵬驿之变的全程来看，高力士的身影时隐时现，关键时刻则是"冲"在第一线的。杨国忠被杀时，御史大夫魏方进和宰相韦见素都曾制止或亲临现场，唯独高力士泰然自若地待在驿亭里，没有闻乱而出。高力士是不是早知"剧情"，因此才稳坐钓鱼台，或者说至少是不反对兵变的？[①]乱军在杀掉杨国忠之后

[①] 参见许道勋、赵克尧《唐玄宗传》，人民出版社，2015年3月版，521页。

仍聚集不退，出面与陈玄礼等禁军高层"交涉"的是高力士，给李隆基带回禁军坚持必杀贵妃信息的还是高力士，这很可能也在高力士和陈玄礼的预先谋划之中，但也可能是审时度势之举。而后，说服贵妃接受必死现实的是高力士，缢杀贵妃的也是高力士，他是现场唯一的见证人甚至动手者，可能只有他在场才能让兵变集团真正定心。

但高力士主谋说也有两个问题。其一，没有人比高力士更清楚李隆基对贵妃的深情，杀杨国忠也就罢了，仅仅作为"预防"措施便缢杀贵妃，可能招致数倍的政治报复力度，对于李隆基的身边人高力士而言，真的是理性行为吗？即使李隆基当时忍下了，时过境迁，就真的不会报复吗？毕竟，帝王将复仇怒火倾泻在权力来源全然依托于皇权的宦官身上，是最具可操作性的。

其二，如果高力士是兵变主谋，那为什么他和李隆基的关系在马嵬驿之变后几乎完全未受损害？从马嵬驿到成都，再到一年多后返回长安，高力士和陈玄礼始终还像之前的近臣一样与李隆基融洽无间。回到长安后，李隆基被肃宗李亨的亲信李辅国逼迫迁居到西内太极宫，此时站出来护持李隆基的还是高力士；为此，高力士得罪了李辅国，被流放黔中道。如果高力士是主谋，李亨此时是不是应该站出来稍稍帮助高力士？毕竟，没有马嵬驿之变，就没有他的灵武称帝。

除了高力士主谋说，还有一种猜想是李亨主谋说，部分立论也可以得到史料的支持。①

无论是《旧唐书》《新唐书》，还是《资治通鉴》，都可以找到陈玄礼在发动兵变前与太子秘密联络的记载，比如《旧唐书·杨贵妃传》中就有"从幸至马嵬，禁军大将陈玄礼密启太子，诛国忠父子"的明确说法。《资治通鉴》中还多了一个"太子未决"的细节，这其中自然是司马光为尊者讳的春秋笔法，将李亨在兵变中的责任定义为"被动"，但还有可能是，李亨未决的并不是早已商量好的是否杀杨国忠，而是怎么杀、何时杀杨国忠这些细节。

那么，就如同刚刚分析高力士主谋说一样，李亨有无作为兵变主谋的动机和实力呢？

先说动机。在公心上，作为大唐的储君，李亨想杀杨国忠的理由与高力士、陈玄礼并无二致，即为国除奸，澄清天下。在私怨上，杨国忠在李林甫时代就全程参与了倾覆东宫的三次冤案，从此与李亨便势同水火；安禄山起兵后，杨国忠更是先动员杨家势力搅黄了李隆基关于太子监国的动议，继而与李亨的"兵权代理人"哥舒翰恶斗，直至哥舒翰被逼兵出潼关，全军尽没：对于这样没有底线的政治对手，李亨自是除之而后快。

与高力士相比，李亨杀杨贵妃的私人动机要合理及充分得多。且不说李亨对杨家人素无好感，在太子监国被搁置一事上，贵妃对李隆

---

① 参考任士英《唐代玄宗肃宗之际的中枢政局》，社会科学文献出版社，2003年12月第一版，225—235页。

188　弃长安

基的以死请命可能是关键的砝码,是她十几年宫廷生涯中最有影响力的一次干政,而这可能也令耿耿于怀的李亨对贵妃第一次动了杀机。

李亨策划兵变的更强动机在于,这是一次对李隆基进行全面政治反击的良机,他自从当上太子之后在政治上已被父皇压制了十几年。从马嵬驿之变后李亨的分兵自立来看,杀杨国忠不仅等同于断李隆基一臂,而且李隆基的政治威信在兵变后也降至冰点,这为李亨的政治崛起,进而谋求最高权力扫清了政治障碍。

可以看出,仅就发动兵变的动机而言,高力士的动力明显不如李亨。前者只是除掉政治对手及为国除奸,为此冒丧命的风险,说服力似有不足,但后者在同样具备了这两点的同时,还多了一个更为关键的皇位之争的理由。试问,在古代,还有何种渴望能强过君临天下呢?

再说实力。就政治及广义的兵权来说,在李隆基的主动推动下,李亨自安史之乱以来已处于政治崛起的上行线,在名义上可能还被赋予了监抚平叛大军的权力;在对禁军的掌控上,李亨一方面在诛杀杨国忠的问题上与陈玄礼取得了共识,另一方面,从兵变后李亨得以带着两千人以上的后军分兵而行等迹象可以看出,李亨在兵变时很可能就部分地控制了这支禁军的精锐甚至大部,掌控力度之强甚至超过了陈玄礼及高力士。[1]

---

[1] 参见任士英《唐代玄宗肃宗之际的中枢政局》,社会科学文献出版社,2003年12月第一版,229—231页。

从动机和实力两端来看，李亨作为兵变主谋的可能性都要高于高力士。毕竟，对于高力士通过陈玄礼掌握禁军兵权的"猜测"，没有之后李亨带着禁军大部分兵力北上的"事实"更有说服力。

不过，李亨主谋说也存在一个有待弥补的逻辑漏洞。从兵变的前后流程来看，看不出李亨和陈玄礼之间有什么特别的私人联系。尤其是在兵变后，陈玄礼一路追随李隆基入蜀，回长安后也一直陪在李隆基身边，且被解除了兵权，就是一个侍奉太上皇的闲人而已。如果陈玄礼与李亨在兵变时真的有过"深度合作"，李隆基又怎么还会容他侍奉左右多年，陈玄礼为何会甘于无权无势地留在李隆基身边而不改投新帝李亨？李亨又怎么会不近人情到不给"有功之臣"任何政治酬劳，由得他自生自灭呢？

对于以上疑问，可能有两个未必充分的说法可以稍稍做出解释。其一，李亨在兵变时是通过李辅国与陈玄礼取得联系的，李辅国出身于"飞龙小儿"，在禁军中存有人脉和故旧，作为李亨和陈玄礼的中间人是够格的；其二，李亨在策划兵变时，起初"并不是以夺取最高权力为现实目标"[①]，更谈不上危及李隆基的性命，这是他与陈玄礼合作的政治基础，也就是说，陈玄礼仅仅是在诛杨一事上与李亨进行了有限结盟，兵变尘埃落定后就即刻停止合

---

① 参见任士英《唐代玄宗肃宗之际的中枢政局》，社会科学文献出版社，2003年12月第一版，233页。

作,"回归"了李隆基阵营,因此,这一合作并不意味着陈玄礼会在政治上倒向太子这一边,至少在他看来这并不妨碍自己对李隆基的政治忠诚。站在李亨的立场,他与陈玄礼的合作是浅层次甚至一次性的,更不涉及他之后的称帝布局,不值得他在时移世易后还给予陈玄礼特别的恩宠。更何况,陈玄礼还自命是李隆基的忠臣,他又何必多此一举?从某种程度上,陈玄礼在马嵬驿之变后没有选择追随太子,可能还让李亨极为不快。

讨论辨析了这么多,可以看出,无论是高力士主谋说还是李亨主谋说,都自成逻辑,也都有着各自的细节漏洞,但相对而言,李亨主谋说应是可能性更大的那一个。

重要的是,马嵬驿之变几乎不可能是一次激愤之下的禁军自发兵变。"六军不行"虽然是一个重要变量,但主要还是为幕后主使者所驱使利用。

当然,在群情汹汹之下,兵变的走向是不可控的,偶发事件迭出,很可能也超出了主谋的事前设想。预谋不可能完美,也正因此,马嵬驿之变中的各种逻辑漏洞或许反而是"有预谋"的完美佐证。

三

六月十五日清晨,李隆基一行准备从马嵬驿出发。前一天,兵变从午后一直闹到傍晚，他们只得留在马嵬驿过了一夜。

但队伍这次又不肯前行了，禁军将士提出："蜀地是杨国忠的势力范围，军官和官吏都是他的人，怎么可以去？"不去蜀地，那去哪儿呢？禁军内部也没有达成共识，有人说去河西、陇右，有人说去朔方灵武，有人说去太原，还有人甚至提出，干脆哪儿也别去了，一起调头杀回长安，与京城共存亡。

李隆基自然还是想入蜀的，但昨天兵变的血光仍历历在目，他深知众怒难犯，不愿对入蜀与否过早表态。昨日在兵变中勇于任事的韦谔又站出来说："回长安，就必须有足够的守城兵力，但眼下我们兵力薄弱，不如暂且先到扶风（今陕西省宝鸡市），再妥善讨论下一步的行程。"

这个搁置争议的折中方案得到了李隆基及禁军的青睐。但队伍往扶风方向没走出多远，又被迫停了下来。

这次出状况的倒不是禁军，而是道路被当地父老堵住了，也就是史书中著名的"遮道请留"。父老们凄婉地向李隆基请愿："长安宫阙是陛下居所，历代陵寝是陛下祖坟。现在连居所和祖坟都被抛弃了，陛下又能往哪里去呢？"

李隆基踌躇良久，最终还是忍痛继续西行，但让太子李亨留在后面继续宣慰民众。民众见皇帝去意已决，便竭力挽留太子："陛下既不肯留，我等愿率子弟追随殿下征讨叛贼，收复长安。倘若殿下和陛下都去了蜀地，那么中原百姓还能指望谁呢？"须臾之间，就聚集了数千人之多。

正当李亨以"去留要让陛下决定"等理由推托，一边流泪一边"跋马欲西"时，又有三个人拦下了李亨：他的两个儿子李俶、李倓和宦官李辅国。

建宁王李倓与李辅国拉住李亨的马说："今日殿下如果跟随陛下入蜀，叛军必定烧毁蜀地与关中的栈道，如此一来，无异于把中原拱手让于叛军。人心一旦离散，就很难重新聚拢，到时候悔之晚矣！为今之计，只有集结西北边军，再召回人在河北的郭子仪和李光弼，并力东讨叛军，克复两京，削平四海，使社稷宗庙转危为安。到那时，殿下再清扫宫禁，迎回陛下，这才是孝之大者。又何必执着于区区父子温情。"

这一说法最有价值之处在于，不仅相当准确地预见了日后的平叛进程，而且还给李亨的分兵自立找了一个"移孝作忠"的稳妥理由。李亨可能等的就是这个理由，随即定计放弃入蜀，派广平王李俶去禀报李隆基。李隆基带着队伍西行了一段路后，就停下来等李亨，久候不来，最后等到的却是儿子自立门户的消息。怅然若失的李隆基一边感叹着"天也"，一边将后军两千人划拨给李亨，并告谕将士说："太子仁孝，足以担当社稷，你们要悉心辅佐。"

在此，《资治通鉴》中有一个李隆基"且宣旨欲传位，太子不受"的记载。但从之后李隆基、李亨父子围绕皇权的激烈政争来

第六章　杨玉环的香囊（天宝十五载六月十四）

看，李隆基传位的说法大概率不是事实，很可能是司马光为了维持皇家体面，苦心替李亨之后自行称帝找合法性。

如果说马嵬驿之变是否由李亨幕后操纵尚存很大争议，那么，关于"遮道请留"是由李亨一手策划的争议则小得多。《旧唐书·李辅国传》中就有"预谋"的蛛丝马迹，"至马嵬，诛杨国忠，辅国献计太子，请分玄宗麾下兵，北趋朔方，以图兴复"。

有一种说法是，从马嵬驿之变到遮道请留，再到灵武称帝，这三大步骤构成了李亨的称帝三部曲。马嵬驿之变后，李亨如果继续跟随父皇赴蜀，今后太子地位能否保住都是未知数，因此尽快与李隆基分道扬镳在所难免。[1] 遮道请留的高明之处在于，既可实现李亨另立山头的意愿，又能以民意为幌子营造李亨的被动无奈，避免父子公开交恶，更可为李亨之后的自行称帝预备必要的舆论基础：顺应民心。

而所谓李隆基分兵两千给李亨，可能只是事后的政治追认而已，并无实际意义。李隆基分或不分，这支军队此时都在李亨的掌控之中，这可以看作李亨策划遮道请留的实力基础。分兵之后，太子身边的军队人数已超过了李隆基的幸蜀团。

但还有一种说法是，李隆基之所以默许李亨分兵，除了无力挟制之外，还想"借此分散安禄山叛军的注意力，在长安西北牵

---

[1] 参见许道勋、赵克尧《唐玄宗传》，人民出版社，2015年3月版，530页。

制叛军，从而确保自己安全入蜀"[1]。只是不知道，李亨有没有把这一点"算计"进遮道请留的谋划中。

与李亨分兵后，李隆基一行继续西行，于六月十七日抵达岐山，但有情报说叛军前锋已经逼近，流亡朝廷不敢驻留，又一口气奔至扶风。

但在扶风，禁军上下又闹起了情绪，人心浮动，各怀算计，散播着各种牢骚话，连直接攻击皇帝的"不逊流言"都满天飞。此次闹事已经是马嵬驿之变以来的第三次，但这次背后倒没隐藏着陈玄礼、高力士，更别提已分兵而去的李亨，而是一个很现实的问题放在了流亡朝廷所有人面前：下一步往何处去？毕竟，按照几天前制定的折中方案，到了扶风就该有最后的说法了。

李隆基移驾剑南的心意早决，他只是拖延着不敢表态而已，但此时再也无法以拖待变了。但面临禁军对幸蜀的强烈反对，李隆基进退维谷，陈玄礼也无以为计，眼看再不决断，兵变即在顷刻。

恰在此时，蜀地进贡的十余万匹彩帛运抵扶风。李隆基立时下令将全部彩帛陈列于庭院中，召集禁军官兵围观，并对他们发表了一通富有感召力的悲情演说："朕这些年来昏聩颠顶，用人失当，导致逆胡叛乱，被迫流亡远避。朕知晓，卿等仓促随朕弃长安而走，

---

[1] 参见黄永年《六至九世纪中国政治史》，上海书店出版社，2004年7月第一版，356页。

第六章 杨玉环的香囊（天宝十五载六月十四） 195

被迫诀别父母妻子，一路跋涉至此，劳苦至极，朕实在是愧对众卿。蜀路阻长，且郡县褊小，恐怕也供养不起我们这么多人马，朕现在准许众卿各自还家，朕就和皇子、皇孙、中官们继续前行入蜀吧，相信我们可以自己走到。今日朕与诸卿就此别过，你们把面前这些彩帛给分了，作为归途的盘缠。你们回家后，见到父母和长安父老，请代朕表达问候。从今往后，一别两宽，各自珍重！"

说这番话时，七十二岁的李隆基潸然泪下，这固然是政治策略，但也是大难后的忏悔和共情。演说前还游移于兵变边缘的禁军士卒们百感交集，千人同哭，向李隆基郑重立誓："臣等死生追随陛下，不敢有二心。"李隆基沉默良久，最后说："去留听卿。"

在之后的入蜀之路上，这支随行禁军忠实履行了承诺，再无任何不测事件发生，直至七月二十八日抵达成都。

与李隆基各奔东西之后，李亨也同样面临着何去何从的重大抉择。在马嵬驿，长子广平王李俶第一个挑明了问题："天色已晚，此地不可久留，我等打算去往何方？"三子建宁王李倓向李亨建议："殿下曾作为亲王遥领朔方节度使，朔方文武官员每年都会进京拜见，我借此多少熟悉了一些人。如今，河西、陇右两镇的军队主力在潼关跟着哥舒翰或败死或降敌，那些留在河西、陇右的人大多都有父兄子弟在叛军中，如果我们去河西、陇右，很难确保他们没有异心。相比之下，朔方不仅距离马嵬驿不远，而且军容鼎盛，眼下叛军可能刚刚进占长安，正忙于烧杀抢掠，无暇攻城略地，我们应利用这个时间急速赶往朔方，再稳妥规划平叛大业，这才是上策。"

建宁王一番话说动了众人，随后，李亨带兵向西北偏北的朔方进发。不过，李亨一行人此时对朔方尚无把握，道阻且长，无问西东。

李亨的兴复大业开局不利。李亨军刚从百姓中招募了三千余人，便在渭水岸边遭遇了从潼关溃退下来的一支败军，可能因为是晚上，双方都误认为对方是叛军，激战过后，两军都元气大伤。李亨归拢了两边的残部，在渭水找到一处水位较浅之地，骑马渡河，无马可乘的士兵泅渡不成，只得洒泪与太子挥别。

渡过渭水后，李亨率军经奉天（今陕西省咸阳市乾县）北上，一昼夜疾驰三百余里，等六月十六日到新平（今陕西省咸阳市彬州市）时，士卒与装备已亡失过半，只剩下了数百人。进入新平后，李亨听闻太守刚刚弃城而逃，即刻命人追击格杀。当天，李亨又进至安定（今甘肃省平凉市泾川县），太守也逃之夭夭，李亨再次派人将其捕杀。

李亨这一路，狼狈至极，不堪之状有甚于李隆基刚出长安时。分兵时所谓的"军心、民心可用"显得如此空泛，一路只见败兵和逃官，连他们自己也在逃亡中。

一直到六月十九日，李亨抵达平凉，终获喘息之机。平凉是产马地，李亨军在当地征集了数万匹战马，又募兵五百余人，"军势稍振"。

数日后，朔方留后杜鸿渐和节度判官崔漪等多位朔方官员，敏感地觉察到了这是一次"从龙"和拥立的绝佳政治机遇，"平凉散地，非屯兵之所，灵武兵食完富，若迎太子至此，北收诸城兵，西发河、陇劲骑，南向以定中原，此万世一时也"。因此他们立时派人赶赴平凉，向李亨呈上了一份有关朔方各项情况的报告，以示朔方效忠之意。此时的朔方节度使郭子仪，正领兵在河北与叛军鏖战。

之后，杜鸿渐又亲自赶到平凉迎候李亨，自荐朔方："朔方军乃天下劲旅，如今吐蕃请和，回纥内附，各地郡县很多都在坚守拒贼，等待反攻。殿下只要前往朔方，重整军队，同时传檄天下，招揽忠义之士，则平叛指日可待。"此时刚刚被任命为御史中丞的裴冕恰好身在平凉，也极力向李亨推介朔方。

李亨集团本就已初步决定了将朔方作为中兴基地，但对是否能得到朔方军的支持是走一步看一步的，甚至是听天由命的意思。殊不知，朔方官员竟如此主动地投靠输诚，还提供了朔方"兵食完富"的信息，那李亨还有什么值得瞻顾犹疑的呢？

去朔方，去朔方治所灵武。

几乎就在李亨北上灵武的同时，六月二十三日，也就是李隆基弃长安的十天后，叛军兵不血刃地占领了未设防的长安城。

据《资治通鉴》载："（叛军）既克长安，自以为得志，日夜纵酒，专以声色宝贿为事，无复西出之意，故上得安行入蜀，太子北行亦无追迫之患。"

灵武将是李亨的龙飞之地。

第七章

李亨的中兴
（至德元载七月十二）

天宝十五载（756）七月十二日，四十六岁的李亨在灵武（宁夏回族自治区灵武市）称帝，尊李隆基为太上皇，同日，改元"至德"。

一个月后，身在成都的李隆基才获悉了李亨自行即位的消息。他或许震怒，或许惊愕，或许痛切，但他被历史审定过的正式表态就是那么一句："吾儿应天顺人，吾复何忧！"

李隆基接受了既成事实，改称太上皇，但他与李亨在水面之下的暗战却刚刚开始。而在江陵（湖北省荆州市），永王李璘将带兵挑战这个连父皇都已认可的既成事实。

在父子、兄弟政争进行时，安史之乱已进入了战略相持阶段。在关中，叛军上下已无进取心可言，"无复西出之意"；在河北，随着郭子仪和李光弼带兵撤出河北，勤王灵武，唐军的河北战局急转直下；在雍丘，一个叫张巡的名字横空出世……

在灵武，帝国反击战也正在酝酿之中，中兴平叛就是李亨最大的政治举措。

一

天宝十五载七月九日，李亨一行人从平凉（今甘肃省平凉市）

出发，抵达朔方节度使治所灵武。

尽管去朔方本就是李亨集团的选择，但朔方官员的热情与积极靠拢之意却远远超出了李亨的预期，"拥立之功"的诱惑让李亨成为朔方的官心所向。

李亨一到灵武，朔方留后杜鸿渐和曾追随过哥舒翰、有河西军背景的御史中丞裴冕就联名，以朔方全体文武官员的名义向太子上书，请李亨"遵马嵬之命，即皇帝位"，"以归中外之望"。

李亨拒绝了这次劝进。裴冕等人自然也是知道劝进从来都不是一蹴而就的，又继续向李亨进言："跟殿下来灵武的将士都是关中人氏，日夜思归，之所以不辞劳苦地追随殿下远涉大漠边塞，就是希望建功立业，人心一旦离散，就很难再挽回，为社稷计，恳请殿下顺天应人，即位以安众心。"

李亨和劝进团这么来回推手了五个回合，终于在收到第五封劝进书之时，"勉强"同意即位。必须说，李亨的政治表演实乃诚意巨献，"五劝"已超出了劝进的标准回合数"三劝"。

七月十二日，李亨即位于灵武城南楼，"天宝十五载"顺天应人变成了"至德元载"。自开元二十六年（738年）被立为太子，李亨已做了十八年的太子。

在即位制书中，李亨着重强调了即位的两点合法性：第一，"圣皇久厌大位，思传眇身，军兴之初，已有成命"，也就是太上皇早就想把皇位传给他了；第二，"孝莫大于继德，功莫盛于中兴",他登基后的核心事务就是中兴大唐,暗示已到蜀地的太上皇无力承担平叛大业,舍己其谁。

当天,李亨便派信使前往蜀地给新任太上皇报信。

三天后(七月十五日),还不知道自己已成太上皇的李隆基在普安(今四川省广元市剑阁县)发布了一道皇帝诏书,任命李亨为"天下兵马元帅",领朔方、河东、河北和平卢四镇,"南取长安、洛阳"。这封诏书的最大信息还不是有关李亨的,而是分封几个皇子为坐镇一方的节度大使,盛王李琦和丰王李珙由于年纪小没有实际到任,唯有三十七岁的十六皇子永王李璘成了真正的受益者,从一个闲散皇子骤然变成军权在握的实权藩王,领山南东道、岭南、黔中和江南西道。

李隆基分封的动机,一方面是,鉴于安禄山起兵之教训,他想将边帅领兵转变为皇子掌军,从而上阵父子兵;另一方面,可能是想用永王来制衡太子,防止分兵自立的太子军权过大,威胁皇权。当然,诏书中的说法自然走的是大中至正的路线,"夫定祸乱者必仗于群才"。但李隆基还是低估了李亨和"民心所向"——这么快就走完了称帝流程。

七月二十八日,李隆基抵达此次流亡的目的地——成都,这一路走了四十多天,侍驾的官员和禁军合计只有一千三百人。

一路走来,李隆基重建了后杨国忠时代的朝廷中枢,陆续任命了崔圆、房琯和崔涣为相,其中二崔都是剑南当地官员,再加上早前的韦见素，一共有四名宰相，颇有些大革前弊、刷新政局的新气象。

八月十二日，也就是到成都的十四天后，李隆基才获悉李亨一个月前已登基。

令人意外的是，此前一直给人权欲颇重印象的李隆基，这次却表现得极为洒脱，不仅默认了李亨自行登基的行为，还相当配合地快速启动了皇权交接程序。

四天后（八月十六日），李隆基颁布了《命皇太子即皇帝位诏》，宣布：自即日起改制敕为诰；表疏称太上皇；军国大事一概交由皇帝裁决，但事后也要向太上皇奏报；待到收复长安之日，太上皇就不再过问任何朝政。

八月十八日，玄宗又命宰相韦见素、房琯和崔涣携带传国玉玺和传位册文，赴灵武正式册封李亨为帝。册文的撰稿者是贾至，李隆基看后不胜唏嘘："当年先帝逊位于朕，册文就是卿之先父所作。今朕以神器大宝付储君，拟册文的人又是你。累朝盛典，出卿父子之手，可谓难矣！"贾至伏于御前，呜咽流涕。

所谓"累朝盛典"，就是说当年唐睿宗李旦禅位给李隆基的传位诏书出自贾至之父贾曾，这在时过境迁之后或许可以理解为"盛典"，但在此刻，则更是一件令李隆基君臣"长太息以掩涕兮"的尴尬事。

李隆基之所以痛快地接受李亨称帝，可能至少有五点原因：

第一，实力使然。李亨控制了朔方军，在河西和陇右这两支大唐边军精锐被哥舒翰葬送之后，朔方军就是此时唐军头号主力，朔方军甚至可以看作李亨称帝的首要权力基础，李隆基之前不可能预料到朔方军的"转向"。第二，大义与民心。李隆基逃亡至蜀地之后，天下人将平叛的指望都寄于李亨一身，而李亨也将平叛作为他的核心政治使命，大义在手让他迅速得到了包括郭子仪、李光弼、颜真卿和李嗣业在内的大唐各大实力集团的认可，这又进一步增强了李亨的实力。第三，平叛公心。李隆基清楚，身居蜀地一隅的自己实际上丧失了指挥全国平叛大业的现实可能性，将军权乃至皇权移交给李亨是最理性的选择。第四，本朝传统。李唐本就有盛产宫廷政变和制造太上皇的家学渊源，无论是李世民的玄武门之变，还是李隆基逼宫的"先天政变"，在李唐的语境内本就不是什么大逆不道之事。第五，太上皇的权力。对于李隆基而言，与其在木已成舟的李亨称帝上做无谓纠缠，还不如退而求其次地抓住太上皇的权力，正如他在《传位诏书》中所说，军国大事他仍有知情权、参与权甚至是部分决策权，更何况，在蜀地，李隆基仍是那个说一不二的唯一权力中心。

李亨登基后，大唐实际形成了太上皇与皇帝两个政治中心，呈现出一种"中央政治的二元格局"。在此种二元格局下，皇帝与太上皇"在平叛这一点上具有共同利益，并借以相处共存"；但又出于皇权的排他性特征，两个政治中心的暗战始终没有停歇，甚至在当时被一些人视作分庭抗礼的"南北朝",李隆基为南朝,李亨为北朝,李亨虽占据了某种政治优势,但远非压倒性的。①

从遮道请留到灵武称帝,李亨以民意和官心为依托,将自己塑造成被动接受的顾全大局者;李隆基的应对是做绝不恋栈状,但主动加戏了事后册封,以衬托太上皇权力的"超越性",而共享皇权也成为双方的共识;李亨将中兴平叛作为称帝合法性的最大来源,在灵武招兵买马聚拢勤王之师;而李隆基则将计就计,将平叛成功作为自己最后放弃权力的先决条件,一个可能的潜台词是,如果皇帝平叛失败,则太上皇不仅可以收回授权,甚至可行废立之事。

中兴与平叛,就是此刻大唐各大政治势力的最大公约数,堪称李亨朝最大的政治。而李亨内心的重中之重,则是收复长安。

二

李亨刚到灵武时,"时塞上精兵皆选入讨贼,惟余老弱守边",朔方其实就是个空架子。

---

① 参见任士英《唐代玄宗肃宗之际的中枢政局》,社会科学文献出版社,2003年12月第一版,259页。

李亨着手平叛大业的第一步棋就是，不顾河北战事逆转的风险，将郭子仪和李光弼两军强行从河北调回朔方。

郭、李二人深知兹事体大，有关忠诚度的计量，第一时间便带兵回师朔方。天宝十五载（756）七月底，五万朔方精锐抵达灵武，郭、李只在河北留下了一些必要的守备兵力。自此，"灵武军威始盛，人有兴复之望矣"。

朔方军的回师勤王，不仅大大增强了李亨直接掌控的军事力量，也标志着李亨朝廷获得了大唐军界的认可。毕竟，在高仙芝、封常清和哥舒翰这三位老将或死或降之后，郭、李二人此时已隐隐是唐军新一代灵魂人物。

八月初，李亨封郭子仪为兵部尚书，李光弼任户部尚书和北都太原留守，两人同时拜相。

李亨的计划是，让郭子仪带朔方军主力留在灵武，尽快整军南下，进攻关中，这条短平快的进攻路线是最呼应权力逻辑的：收复长安之日就是太上皇放弃权力之时。同时，李亨又令李光弼领兵五千固守太原，严防史思明西出井陉，进犯河东。

在经济上，李亨朝廷也打通了"江淮—灵武"的财赋生命线，江淮钱粮由襄阳发出，再通过扶风中转，源源不断地供给灵武。在对这条生命线的保护上，功臣之一就是扶风太守薛景仙，他因为在马嵬驿之变后积极追杀虢国夫人，被李亨自陈仓县令简拔。或许，这也可以作为李亨与马嵬驿之变有关系的一个旁证。

第七章　李亨的中兴（至德元载七月十二）

在军力和财力迅速膨胀之时，李亨的政治感召力也与日俱增，他苦心经营的平叛人设进入了收获季。

叛军虽然占领了长安，但血腥屠杀和大肆劫掠让他们民心尽丧。当长安民众得知太子未去蜀地，反而分兵自立时，李亨就成为他们的精神支柱，整日传播着一些太子即将带兵收复长安的小道消息，一有风吹草动便被传谣成"太子大军来了！"。谣言传多了，连叛军也相信了，每当见到长安北方烟尘大起，他们就以为是李亨带兵杀来了，四散而逃，惶惶不可终日。

京畿地区还涌现出了许多自发抵抗叛军的地方豪强，"杀贼官吏，遥应官军"，叛军多次围剿这些民间武装，却"诛而复起，相继不绝"。叛军屡遭打击之后，被迫进行大规模战略收缩，"贼兵力所及者，南不出武关，北不过云阳，西不过武功"。

甚至可以说，叛军在关中真正能有效控制的也就是长安这一座孤城，所谓"仁义不施，而攻守之势异也"。

在"太子大军来了"及地方抵抗运动的双重威胁之下，叛军政权在长安的统治摇摇欲坠，无论是在唐朝的投降官吏中，还是在叛军内部，有一种叫信心的东西正在迅速流失。

安禄山手下有个大将叫阿史那从礼，统管同罗兵和突厥兵。进驻长安没多久，他就对安禄山丧失了信心，带着五千骑兵逃出长安流窜至朔方。不过，阿史那从礼并未归顺大唐，他只是打算联合当地其他胡人部落，趁乱割据一方，但一到朔方就被李亨派人招抚，其军中降者甚众。

阿史那从礼带兵出逃对长安叛军的士气打击甚大。一时间，"长安大扰，官吏窜匿，狱囚自出"。

眼见安禄山政权竟如此外强中干，前不久刚刚归降叛军的京兆尹崔光远追悔莫及。崔光远断定叛军很快就要被迫撤离长安，就派兵包围了长安叛军最高将领孙孝哲的府邸，但也没有明确表示要再次反正，总之更类似于观望和两边下注，但孙孝哲直接就把崔光远的反状汇报给了安禄山。崔光远闻讯后，深知长安不可久留，就带着十几名官员逃出长安直奔灵武，见到李亨后，崔光远除了被封为御史大夫，还继续做京兆尹。

看到崔光远溜之大吉，当时和他同时降燕的宦官边令诚慌不择路，也跟风逃到了灵武，谁知等待他的却是李亨亲自下令将其正法。边令诚被杀，除了降贼劣迹之外，也可能因为他对冤杀封常清和高仙芝要负主要责任，被唐军上下视作祸国权奸。

李亨在灵武的超预期收获是李泌。李泌从小就有"神童"之称，七岁时就被李隆基召见过。天宝十载（751），李隆基征召李泌入朝，让他到东宫辅佐李亨，但没多久，李泌就因为得罪了杨国忠而被逐出长安，从此干脆在深山中隐居修道。

山人李泌其实也一直静候着出山的机会。可能就是听说了李亨分兵自立的消息，李泌即刻决定下山投效故主，恰逢此时李亨信使也找到了他，于是就有了李亨、李泌灵武重逢的温暖一幕。

旧友相逢于戎马倥偬中，李亨喜出望外，"出则联辔，寝则对榻"，一切就像回到了东宫的旧时光。李泌深受倚重，"事无大小皆咨之，言无不从"，视同宰相。

李亨本想让李泌担任首席宰相——右相，但李泌一口回绝："陛下以朋友之礼待我，说明我的身份比宰相还要尊贵，又何必让我违背不想为官的誓言呢？"李亨只得暂时搁置此议。

但没过多久，李亨又动起了将李泌纳入官僚体系的念想。适逢此时军中盛传，皇帝最亲近的人竟是一名穿白衣的没官职在身的山人，李亨便找到李泌说："艰难之际，我不敢强迫先生做官，但为了平息军中流言，先生还是穿上紫袍官服吧。"李泌不得已穿上了紫袍，但此时李亨又步步紧逼："先生既然穿了紫袍，又岂能没有名分？"随即从怀里掏出已提前备好的敕令，任命李泌为侍谋军国、元帅府行军长史。李泌见状赶紧拒绝，但李亨安抚他说："朕不敢封你为宰相，只是暂时给你一个名分，叛乱平定之日，任你挂冠而去。"

李泌见覆水难收，只得接受了官位。事实上，李泌一到李亨身边，就给出了三条重要建议。

其一，劝说李亨离开灵武，一路南进，先转移至彭原（今甘肃省庆阳市宁县），等到西北勤王边军陆续到位，再移驾即将改称凤翔的扶风，将凤翔作为战略反攻基地。

其二，李亨本想任命骁勇善战的三子建宁王李倓为天下兵马元帅，李泌劝阻称："建宁王固然是元帅之才，但广平王李俶是长兄。如果建宁王在平叛中立下奇功，那广平王何以自处？如果陛下不以建宁王为储君，追随他建功的那些臣子岂能答应？太宗皇帝和太上皇当年的夺嫡之事，说起来不就是这么回事。"李亨听从了李泌的建议，任命广平王为天下兵马元帅，提早消弭了一个政治隐患。

其三，李亨曾有意在收复长安后，掘开李林甫墓，焚骨扬灰，以报当年李林甫罗织冤案、陷害东宫之恨。李泌给出了两点不可为的依据：找死人寻仇，只能向天下表露天子念及旧恨，胸怀不够宽广，那些投降叛军的人会因为恐惧被报复而打消反正之念；太上皇统治天下五十年，一朝失意，听闻陛下记恨宫廷旧怨，内心难免惭愧不安，万一因此感愤成疾，"是陛下以天下之大，不能安君亲"。李亨听后当即起身，降阶跪拜，声泪俱下："朕没想到这些内情，是上天让先生进此忠言啊！"

李泌这番话的真正杀伤力在于，李亨即位的合法性来源之一就是李隆基主动让位说，即不存在什么父子政争甚至太子夺权，如果父子因为报复李林甫一事而心生嫌隙，将会对这一政治叙事造成极大的损害，进而危及李亨皇位的稳定。

可以发现，李亨在处理与李隆基的父子关系时，最高频的行为模式就是哭，遮道请留时哭，讨论报复李林甫时哭，之后和李泌商量请太上皇回銮时还是哭，这其中自然不无李亨的真情流露，或许也有正史刻意营造皇家父慈子孝的考量，但可能也是李亨表演性政治人格的自然显露：如何让自己更像一个孝子？

李亨没有说服李泌入相，但此时李隆基却给他派来了宰相，而且一派就是四个。

九月十七日，李亨按照李泌之前的战略规划离开了灵武，于二十五日进至顺化（今甘肃省庆阳市）。同日，韦见素、房琯和崔涣带着传国玉玺和传位诏书来到了李亨面前。

李隆基把这三位宰相也"转送"给了李亨，再加上几个月之后到来的崔圆，李隆基把身边的四位宰相全部送到了李亨身边，之后又在成都任命李麟为宰相，总领剑南政务，但此宰相就不是彼宰相了。

也就是说，此时李亨身边的五位宰相中，除了因拥立之功入相的裴冕是他本人任命的，其他四位都是太上皇的人。甚至有种说法是，李泌之所以未任宰相，除了他的个人意愿外，也和李隆基掌控了大部分的宰相任命权有关。[1]

当然可以说这四位宰相是李隆基派来监控、挟制李亨的，但是，既然太上皇退位了，他把之前任命的宰相送到皇帝这边来，也可以理解为一种放权的宣示——太上皇身边的宰相比皇帝多，

---

[1] 参见任士英《唐代玄宗肃宗之际的中枢政局》，2003年12月第一版，255—256页。

那不是更乖谬吗？因此，这四位宰相的到来，身上可谓背负了多重政治含义，李亨也没有一概而论地对他们打压或放手使用。

在这四位宰相中，李亨对依附杨国忠的韦见素有成见，态度冷淡疏远，但房琯却转瞬成为他的新宠，大概是因为房琯盛名在外且特别能说，"言时事，辞情慷慨"。房琯论政的风采就这么征服了李亨，"上为之改容，由是军国事多谋于琯"。而锋芒毕露的房琯也"以天下为己任，知无不为，专决于胸臆"，其他几位宰相也不愿与其争锋。

房琯可能真的是一位庙堂之才，但败笔是，他过于自负了，目空一切到像他这样一个没有临阵经验的文官竟向李亨主动请缨，呈请亲自率军东征，克复两京。要知道，这可是李亨即位以来第一次大规模反击战，房琯之举不是勇于任事，而是孤注一掷。

李亨竟也被房琯说动了，让纸上谈兵在历史上又多了一个范例。还有一种说法是，"李亨一开始不用朔方军而用房琯另行编组部队，并不是真的对房琯信任，而是企图借此形成一支由中央直接控制的野战军"[①]。

但归根结底，房琯此举是迎合了李亨直取两京的战略偏好及急于求成的诉求，如此轻率孟浪的决策才得以出台。李泌为何没

---

① 参见黄永年《六至九世纪中国政治史》，上海书店出版社，2004年7月第一版，359页。

第七章 李亨的中兴（至德元载七月十二）

有站出来质疑房琯领军，抵制在时机未成熟时冒险反攻长安，史书中没有明确记载，但李泌不久后就会阐明自己的立场：反对将收复长安作为平叛主战略。

房琯自己不懂打仗也就罢了，他还"喜宾客，好谈论"，任用的也都是和他一样的清谈名士。他向李亨要来了自行挑选将佐的特权，选任出一批文士参赞军机，特别是一个叫刘秩的书生，房琯对他青眼以待，煞有其事地声称："贼曳落河虽多，安能敌我刘秩！"

十月中旬，房琯将大军分为三路，浩浩荡荡向长安挺进。十月二十一日，中路和北路两军作为先锋，在咸阳东面的陈涛斜（今陕西省咸阳市东）与叛军宿将安守忠部遭遇。

房琯是一位原教旨意义上的纸上谈兵者，他采用上古的兵车战术，出动了两千辆牛车，让步兵和骑兵混杂其中，对叛军发起冲锋。自车战的鼎盛时代终结于战国时代，这可能是兵车在此后这一千年中首次作为战场主角大规模出现在战争中。

面对唐军的牛车阵，安守忠让士卒擂动战鼓，嘶叫呐喊，"牛皆震骇"。正巧此时刮起东风，叛军顺着风势纵火，唐军牛车阵顿时变为火牛阵，只不过这个火牛阵的肆虐方向是唐军这边。唐军自相践踏，人畜大乱，死伤者四万余人，房琯带着数千败军逃离了战场。

不过，陈涛斜之败的主要责任并不能推在"过时"的战车身

弃长安

上，战车虽然已不是战争主流，但作为一种防御性武器，在防范骑兵快速冲击上仍有独特的战场价值：在南朝宋武帝刘裕用两千步兵大败三万北魏重骑兵的封神一战中，刘裕名垂战史的却月阵即是以战车为主体；明代名将戚继光为了对抗蒙古骑兵，也用战车升级了抗倭战争中使用的鸳鸯阵。因此，陈涛斜之败与其说是战车之败，不如说是房琯食古不化、滥用战车之败。战车怎么能用于大规模进攻呢，还以牛牵引，他真的以为是梦回春秋吗？

两天后（十月二十三日），不甘心失败的房琯重整旗鼓，又带领刚抵达战场的南路军与叛军交战，再度一败涂地，连南路军和中路军主将都投降了叛军。

由此，李亨朝廷在灵武苦心孤诣积攒的那点儿家底，被草率行事的房琯在三天内挥霍殆尽。

战败后，房琯肉袒入朝请罪，再加上李泌的说项，李亨虽然宽宥了房琯，表面上也待他如初，但实则信任度大不如前。

房琯的失宠，与北海太守贺兰进明心怀叵测的暗算可能干系更大。

贺兰进明与房琯本就有私怨，陈涛斜之战前后，他恰好入朝觐见，向李亨点破了房琯入相的两大隐忧。贺兰进明道破的第一点是，房琯就如东晋名士王衍，虽贵为三公却清谈误国，"专为迂阔大言以立虚名"，陛下用这样的大言欺世之辈做宰相，恐非社稷之福。

如果说第一点是能力问题，还可说见仁见智，贺兰进明攻评房琯的第二点则是质疑其忠君之心的诛心之论："太上皇不久前曾发布了命陛下和诸王分领诸道的诏书，将陛下置于'沙塞空虚之地'。据臣所知，这道诏命的出台就与房琯有关。房琯还把亲信派到诸道掌控实权，意在多边下注，将来无论哪个皇子得到天下，他都不会失势，这难道是忠臣所为吗？"

"此虽于圣皇似忠，于陛下非忠也"，这一点触碰到了李亨最为介怀的隐晦心事，由此房琯被打入了"不忠"另册，被认为是李隆基系，为之后的罢相埋下了伏笔。

在不到十五个月的时间里，除了房琯，李隆基委派给李亨的另外三位宰相韦见素、崔涣和崔圆，也均遭罢相贬斥，"上皇所命宰臣无知政事者"，这更可见房琯败于忠诚度，而非不知兵。[①]

随着太上皇旧臣从大唐中枢的全面退出，李亨朝廷成了一艘漂浮在关中平原之上的忒修斯之船，李唐还是那个李唐，叛军还是那个叛军，朝廷与边将，皇帝与宰相的政治连接方式也没有发生变动，但这艘清洗了前朝旧臣的船还是李隆基当年那艘忒修斯之船吗？

这里还有一个插曲。房琯彻底失势后，身在凤翔中枢的杜甫

---

① 参见黄永年《六至九世纪中国政治史》，上海书店出版社，2004年7月第一版，359—360页。

曾为他上疏叫屈，措辞激烈，不仅没救下房琯，反而牵累了自己，险些锒铛入狱。杜甫可能并没意识到，在不期然间，他卷入了太上皇与皇帝的权力之争，虽逃过牢狱之灾，但因此也招致李亨猜疑而被冷落贬斥，"帝自是不甚省录"。

在房琯惨败于反攻关中的首战之时，唐军在河北的敌后抵抗力量正处于土崩瓦解的最后时刻。

三

郭子仪和李光弼在河北时已基本掌握了河北战场的主动权，在嘉山之战中更是将史思明打得披头散发，光脚逃跑，再加上颜真卿坚守平原，叛军平卢节度使刘正臣准备反戈一击，史思明不仅无力扭转战局，连能否守住范阳都很可疑。

但在李亨"关中优先"的战略思想主导下，郭子仪和李光弼奉命勤王，唐军主力刚离开河北，史思明旋即活跃了起来。史思明起先企图在李光弼撤军时尾随追击，却被打了个回马枪；继而奇袭刘正臣，刘正臣军阵亡七千余人，刘正臣抛弃妻小落荒而逃。

郭子仪和李光弼来河北后，河北抵抗军盟主颜真卿主动让贤，将统御河北军事的权力交给了他们。但现在郭、李二人离开了，颜真卿又挺身而出，主持急转直下的河北大局。

全面反攻前，史思明尝试着诱降河北诸郡，常山太守王俌见猎心喜，秘密策划献城投降。常山无愧是颜杲卿舍生取义之城，激愤的常山诸将利用一次打马球的机会刺杀了王俌，常山不降。

史思明的反攻极其凌厉，通过强攻连续攻陷了九门、藁城、赵郡。常山守军用生命履行了他们不降的誓言，抵抗了近十日才告城破，被恼羞成怒的史思明屠杀了数千人。

史思明随即兵发河间，这里已被叛军骁将尹子奇围攻了四十多天。颜真卿见河间危殆，派部将和琳率军一万二千人前去救援，却遭到史思明军的强力阻击，唐军大败，和琳被俘，河间遂陷落。紧接着，叛军或是强攻或是诱降，景城和乐安也相继失陷。

史思明大军的下一个目标是颜真卿的平原郡，这里是河北唐军的抵抗中心。

颜真卿自知河北大势已去，不想做无谓的牺牲。十月二十二日，他率部撤离平原，渡过黄河南下。半年后，也就是至德二载（757）四月，颜真卿率军绕道荆襄，几经辗转，才风尘仆仆地抵达凤翔，被李亨封为刑部尚书。

拿下平原后，史思明又接连攻陷了清河、博平，剑锋所指，所向披靡，没有了郭子仪和李光弼的压制，史思明无疑就是河北战神。

最不济的是信都守将乌承恩。他麾下有五万大军和三千匹战马，其中更有三千朔方精兵，史思明一来，乌承恩就不战而降，

弃长安

亲自带着史思明接收全城。

此时，河北诸郡唯一还在唐军手中的就只有饶阳了，一座叛军屡攻不下、坚持了近一年的英雄之城。十一月，史思明集中所有的力量对这座孤城发动了最后的围攻。饶阳唐军也知道再无任何外援可言，唯死战而已，城陷之时，太守李系纵身跃入火中殉国。饶阳有一位猛将叫张兴，据说力举千钧，被俘后，史思明命人把他带到马前，诱降说："将军真壮士，能与我共富贵乎？"张兴回答："我张兴是大唐忠臣，断无投降之理。现在我命在旦夕，想说一句话再死。"史思明让张兴说说看，不料张兴竟反过来劝降史思明："足下之所以从安贼造反，不过是为了求富贵，但这就像是燕子筑巢于帐篷，岂能久安？何不趁机诛杀安禄山，转祸为福，长享富贵，岂不是两全其美！"史思明气急败坏，命人将张兴绑在木桩上，然后用锯刑杀之，张兴至死骂不绝口。

从此，河北再无大唐旌旗飘扬。

至德元载岁末，李亨遭逢了至暗时刻。河北全线沦亡，关中反攻惨败，再叠加颍川郡死守十五日后失陷，接连而至的军事失败的消息，让即位刚四个月的李亨陷入了不可名状的困惑与沮丧之中。

爆发了信念危机的李亨问计于李泌："现在敌人这样强大，什么时候才能平定？"李泌的回答出乎意料地乐观："臣听说叛军只要俘获了金帛奴婢，全部运回老巢范阳，这哪里有半点儿雄踞四海之志呢？现在，效忠安禄山的主要是那批胡将，汉人只有高尚和严庄等数人而已，其他人都是被迫从贼。以臣之判断，不出两年，天下无寇矣！"

李亨没料到李泌如此成竹在胸，连忙追问缘由，李泌拿出了一套谋划经年的平叛方略："王者之师平叛，应首重长治久安，以绝后患。叛军勇将，不过史思明、安守忠、田乾真、张忠志和阿史那承庆寥寥数人而已，现今陛下如果命李光弼从太原出井陉口入河北，郭子仪自冯翊（今陕西省渭南市大荔县）进河东，则史思明和张忠志两军不敢离开河北，安守忠和田乾真两军也无胆离开长安，这就等于我们只用两军，就锁住了叛军四军，如此安禄山就只剩下阿史那承庆这一支机动力量。下一步，陛下令郭子仪暂不要攻取华阴，刻意让长安和洛阳之间的道路保持畅通，而后陛下亲自坐镇凤翔威胁长安，与郭子仪、李光弼两军轮流出击，叛军救范阳，我攻长安；叛军救长安，我攻范阳，让他们在数千里之间疲于奔命，如此叛军精锐一年之内便会锐气尽丧，我军则以逸待劳，避其锋芒。之后再令建宁王率军从塞北向南攻击，与李光弼南北夹击范阳，必能大功告成。"李亨闻之荡气回肠，重燃斗志。

但算无遗策的李泌此时却算不到，对他一向言听计从的李亨虽然很满意平叛时间表，但对这套平叛大战略中的核心元素——暂不收复两京，却不以为然。几个月后，君臣二人将就此有一场激烈辩论。

就河北沦丧，李亨唯一没有反思的是，他把朔方军调回西北的决策是否妥当，"关中优先"的既定战略是否正确，如果朔方军留在河北，则李泌的整套谋划已成事近半。

当李泌侃侃而谈他的"隆中对"时，帝国的江淮地区正在酝酿着一场来势汹汹的内乱风暴，尽管叛乱的定性有争议。这给刚遇新败正全力筹划平叛的李亨朝廷又制造了新的不确定性。

四

至德元载（756）九月，永王李璘抵达江陵。两个月前，尚未退位的李隆基出于多种考虑，封李璘为领四道的节度大使，坐镇江陵。如获至宝的李璘立即就从蜀地启程，朝着权力飞奔而去。

一到江陵，李璘就花费巨资招募了数万军队。当时江淮地区的租赋都要通过江陵中转，堆积如山，李璘只要扣下这笔钱，军费又岂在话下？

李璘虽然权欲熏心，但因为长于深宫，其实并无政治权谋可言。但以谋士薛镠为首的左右幕僚本着奇货可居的心态，再加上李璘之子襄城王李偒野心膨胀，他们都极力怂恿李璘起兵自立，割据江南。在他们看来，"今天下大乱，惟南方完富，璘握四道兵，封疆数千里",应该抓住机会进军金陵,效仿东晋在江南开基立业。这话的潜台词是,永王也可以"如东晋故事",像东晋第一位皇帝司马睿那样称帝江南。

这一幕,很容易让人联想起数月前朔方官员积极迎接直至劝进李亨的场景,一样的是对拥立之功的孜孜以求,不一样的是,李亨是大义在手的太子,而李璘只是居心叵测的藩王。

李亨当然无法坐视不理李璘集团拥兵自重甚至割据自立的野心,说起来,这个弟弟还是他一手带大的,幼时"常抱之以眠"。国难当头,李亨起初也不想把事情闹大,颁布敕令命李璘"归觐于蜀",即命他回到太上皇身边,不要再做他的司马睿迷梦了。

但欲望一旦被撩拨,心中猛虎一朝出笼,又岂能被一道敕令遏止?李璘自然拒绝服从,继续在江陵整军备战。自行其是的李璘很可能认为,自己此行奉的是父皇之命,办的是父皇之事,得到了父皇的幕后支持,自然不必听命于李亨这个皇位得之不正的皇兄。

江陵长史李岘不想与李璘沆瀣一气,快马赶往行在凤翔报信于李亨。李亨对江陵的局势忧心如焚,又召来高适一起商讨对策。高适在御前慷慨陈词,分析了江东的各种形势利害后,断言李璘必败。

李隆基弃长安后,早先并不在逃亡队伍中的高适半道加入,到了成都后,因敢言被提拔为谏议大夫。李隆基颁布命诸王分镇天下诸道的诏书时，高适曾激切谏言反对，很可能也正是出于这层关系，李亨之后想办法把高适调到了自己身边，参谋永王起兵诸事。

李亨被高适的慷慨激昂感染，随即有针对性地进行了周密部署。这年十二月，李亨任命高适为淮南节度使，领广陵等十二郡；任命来瑱为淮南西道节度使，领汝南等五郡；再命两人与江东节度使韦陟共同配合，以三路节度使之力围堵有不臣之心的李璘。

但三大节度使的军事压力并没有成功吓阻李璘，也是在十二月，李璘率水军"东巡"，顺长江而下，"军容甚盛"。

李璘"东巡"打出的旗号是收复河南，显然这是他为了掩盖割据意图的冠冕堂皇之语。不过，一旦李璘稳定了江南，他很可能也会挥师北上，与安禄山叛军决战于河南，这不仅是李隆基当初分封的意图，也是他与李亨争夺平叛大功进而夺位的必经之路。据说张巡据守睢阳初期，还曾写信给令狐潮称，永王大军将由南方北上收复河南，"窃料胡虏游魂，终不腊矣"。张巡之语虽不无虚语恫吓叛军之意，但也说明当时永王收复河南的宣传是鼓舞人心的，让张巡看到了希望。[①]

也正因此，李璘起兵才如此富有争议性，定性为"叛乱"的

[①] 参见李碧妍《危机与重构：唐帝国及其地方诸侯》，北京师范大学出版社，2015年8月第一版，399—401页。

证据并非那么充分。毕竟，李璘既想与李亨朝廷争夺江南治权，也欲北上参与平叛。同理，李亨之所以对李璘集团如临大敌，固然是担忧其割据江南，也是不欲李璘建功河南，独占平叛首功，从而威胁自己的皇位。

高适此时可能已经知道，旧友李白也在永王军中。安禄山起兵后，李白和妻子宗夫人辗转南下，在庐山隐居。后经李璘谋士韦子春三次延揽，五十七岁的李白不顾宗夫人的强挽，决意入幕永王。求仕心切的李白似乎丝毫没有体察到此行所蕴含的政治风险，心气直追十四年前的二入长安，幻想来日像苏秦一样拜相归家：

> 出门妻子强牵衣，问我西行几日归。
> 归时倘佩黄金印，莫学苏秦不下机。
> ——《别内赴征三首》之二

在永王军中，李白写下了《永王东巡歌十一首》，盛名不下于骆宾王的《讨武曌檄》，为李璘鼓与呼。李白一方面被李璘收复河南的平叛目标所振奋——这或许可以部分地解释他为何入幕永王——但另一方面，李白对李璘的野心也并非一无所知，甚至还作诗暗指李璘有称帝之志，而这在永王集团内部也是隐而不宣之事：

祖龙浮海不成桥，汉武寻阳空射蛟。
我王楼舰轻秦汉，却似文皇欲渡辽。

——《永王东巡歌十一首》之九

在另一首同样争议性很大的诗中，李白不仅以谢安自况，倨傲地认定自己身负谈笑间澄清天下的政治才略，还将当下乱局比作东晋南渡，这显然附和了永王集团最偏爱的割据政治叙事：

三川北虏乱如麻，四海南奔似永嘉。
但用东山谢安石，为君谈笑静胡沙。

——《永王东巡歌十一首》之二

李白在这些诗中所表现出来的忘乎所以、昧于大势，与起兵前后的李璘惊人地相似，这对"君臣"从本质上，都是政治抱负严重超越政治才华而不自知的悲剧人物。

吴郡（今江苏省苏州市）太守李希言觉察到了永王的异动，写信责问李璘擅自带兵东下的企图；信写得很不客气，指名道姓，"平牒抗威"，也就是根本不把李璘当作藩王来尊敬。被激怒的李璘遂兵分三路，命大将浑惟明率军进攻吴郡，大将季广琛率军进攻广陵（今江苏省扬州市），自己亲率主力进军当涂（今安徽省马鞍山市当涂县）。

李璘首战告捷，广陵和吴郡派出来的阻击部队或败或降，"江淮大震"，李璘离金陵仅有一步之遥，大有席卷江淮之势。

败军之际，高适、来瑱和韦陟三大节度使紧急带兵会合于安陆（今湖北省安陆市），"结盟誓众以讨之"。兵马未至，攻心为上，高适写下《未过淮先与将校书》，晓谕李璘军中将领认清形势，早日归顺朝廷，"使绝永王，各求自白"。

高适的攻心计可能真的打到了永王军的七寸。首战告捷之后，虽未再打什么大仗，但永王军就陡然陷入了无心恋战乃至士气瓦解的神秘状态之中。叛军的心理始终处于各种强压之下，春秋大义、天命去留、人心向背、兵力多寡，哪一个都可能是压倒士气的最后一根稻草。强横如安禄山集团，起兵后都屡屡人心浮动、进退维谷，更何况李璘这个全然由野心和投机推动构建的小集团呢？写一封既往不咎的劝降信，或是故旧之间的暗通款曲，再许下几个官位，永王军可能就不战自溃了。

至德二载（757）二月，唐军进驻长江北岸的战略要地瓜步（今江苏省南京市六合县东南），人数只有三千，但"广张旗帜，列于江津"，显然是想用疑兵之计先声夺人，挫伤李璘军的士气。

岂止是挫伤，数万李璘军就这么被三千疑兵弄崩溃了。先是李璘和儿子李偒登城隔江远望，"始有惧色"；大将季广琛很可能也看到了高适的劝降信，深知大势不可为，尤其是难以实现北上河南平叛这个唯一的破局方案，于是召集诸将大放厥词："我们一路跟随永王，本来就不是为了反叛，现在既看不到永王天命所归的迹象，也看不到有定鼎江南的希望，不如趁此兵锋未交之时，尽快各奔前程，否则一旦死于战阵，还要永远背负逆臣的恶名。"众将都觉得很有道理，割臂为盟，当日便各自领军四散而去。李璘知道后，不甘心就此作鸟兽散，仍想做最后一搏，派骑兵追击逃奔广陵的季广琛。季广琛对追兵说："我感念永王之恩，不忍带兵与王决战，只是自行离去，但如果你们苦苦相逼，现在何不来一决生死？"追兵只得离去。李璘当初的一切谋划已然化为乌有。

就在李璘彷徨忧惧之际，当天夜里，江北唐军沿江列阵，夜燃火把，故意让每个士兵"人持两炬"，再加上倒影，显得唐军兵多将广，有投鞭断流之势。李璘怀疑朝廷军队即将大举渡江，带着家小和亲信连夜遁去。次日清晨，李璘发现无人渡江，才知道自己中计，遂入城收拾散兵，还想有所作为。

但就在此时，江北唐军是真的渡江追击了。李璘派儿子李偒率军阻击，但双方刚一交战，李偒就中箭受伤，本就士气低迷的李璘军一哄而散。李璘众叛亲离，身边唯一的部将就只剩高仙琦，他们带着所剩无几的残军，想一路经江西南逃至岭南。二月下旬，江西采访使皇甫侁带兵在大庾岭堵截到李璘，混战中李偒被当场格杀，而李璘则是中箭被俘，很快就在驿馆中被杀。

李隆基曾下令将李璘"降为庶人，徙置房陵"，可以理解为是想留李璘一命的意思。李璘被杀，显然与太上皇的本意不符，皇

第七章 李亨的中兴（至德元载七月十二）

甫侁将李璘家小送到蜀地时，李隆基"伤悼久之"。

皇甫侁为何要杀李璘？他是收到了太上皇的诰命，还是擅自杀掉李璘，甚或是得到了李亨某种斩草除根的授意，史书中都缺乏更详尽的记载。

李亨得知李璘横死，郁闷地说："皇甫侁既然生俘吾弟，为何不送往蜀地而擅杀呢？"随即撤了皇甫侁的职，并永不起用。从皇甫侁的结局来看，他杀李璘很可能是为了逢迎李亨而自作主张，不太可能是得到了李亨的直接授意，但李亨对李璘之死的态度可能是暧昧的，既有长舒一口气的如释重负，也有担心被太上皇及朝野舆论视作幕后策划者的怨怒。因此，将皇甫侁废而不杀，或可理解为李亨与李隆基的一个政治妥协。

李隆基在逃亡途中分封永王，其中自然有制衡太子之深意，甚至可以这么理解，"在肃宗掌握了朔方军的情况下，玄宗唯有也控制一支具有相当实力的武装，方可与之抗衡，并进而重掌最高统治权"。按照这个逻辑，永王败亡对李隆基的政治布局构成了致命一击，"这场军事对抗实际上是玄宗和肃宗间的最后摊牌。李璘的失败使玄宗在同肃宗的斗争中失去了最有份量的筹码。至此，胜负已成定局，因此不难理解，何以李璘死后'上皇伤悼久之'"。[1]

并且，经由永王事件，李亨也彻底丧失了对李隆基的信任，

---

[1] 参见贾二强《唐永王李璘起兵事发微》，陕西师范大学学报，1991年第一期。

为日后父子还都长安的龃龉埋下了伏笔。[1]

从至德二载（757）元月下山入幕，到二月永王败亡，李白追随李璘起兵的时间也就在一个月左右。但这一个月的政治投机，却让李白身陷囹圄，甚至有性命之忧。

李白在李璘兵败后本想逃往庐山，但却在途中被官府捕获并投入浔阳（今江西省九江市）狱中，他曾在诗中记录过这段南逃旧事。直到此时，李白仍将永王军称为"王师"，可见其执迷不悟，更可见政治头脑之糊涂：

> 主将动谗疑，王师忽离叛。
> 自来白沙上，鼓噪丹阳岸。
> 宾御如浮云，从风各消散。
> 舟中指可掬，城上骸争爨。
> 草草出近关，行行昧前算。
> 南奔剧星火，北寇无涯畔。
>
> ——《南奔书怀》（节选）

在狱中，李白仍未意识到自己涉入的是高度敏感、讳莫如深

---

[1] 参见李碧妍《危机与重构：唐帝国及其地方诸侯》，北京师范大学出版社，2015年8月第一版，432页。

的皇室内争,坚信自己的清白无辜,积极写信给各路友人及权贵以求脱罪。在这些人中间,高适和李白相交最深,他们两人和杜甫的"梁园之行"也是文坛佳话,而且此时贵为淮南节度使的高适参与平定永王叛乱,对李白案应该有一定的话语权。

李白托人带给高适一首欲言又止的诗,或是希望老友能出手相救,又或是抱怨世态炎凉、人情冷暖:

秦帝沦玉镜,留侯降氛氲。
感激黄石老,经过沧海君。
壮士挥金槌,报仇六国闻。
智勇冠终古,萧陈难与群。
两龙争斗时,天地动风云。
酒酣舞长剑,仓卒解汉纷。
宇宙初倒悬,鸿沟势将分。
英谋信奇绝,夫子扬清芬。
胡月入紫微,三光乱天文。
高公镇淮海,谈笑却妖氛。
采尔幕中画,戡难光殊勋。
我无燕霜感,玉石俱烧焚。
但洒一行泪,临歧竟何云。

——《送张秀才谒高中丞》

高适没有回应李白的诗，更没有救李白，固然可以说高适冷酷无情，但他若是担心被李白逆案牵连也是人之常情。更何况，高适的政治性格本就偏严肃冷峻，对李白卷入逆案很难产生同情心。李白案的特殊之处在于，他虽然只是永王集团决策层之外的一介文士，但却是永王阵营中唯一举国皆知的名士，萧颖士和孔巢父等人都清醒地拒绝了永王的招揽。① 当然，这更能说明李白的政治认知是何等之幼稚，宦途追求是何等之热切。

盛唐诗人多仕途坎坷，只有高适凭借平定永王之乱乘风而上，官至节度使，如《旧唐书·高适传》所言："有唐已来，诗人之达者，唯适而已。"高适不救李白，自然杜绝了引火烧身之忧，确保了仕途的安全，但同时可能也付出了自外于"诗人共同体"的代价。

很多与李白并无深交的人都积极参与了营救，在宰相崔涣和御史中丞宋若思的援手下，李白不仅幸免于死罪，还一度获释并加入宋若思幕府，其间还重燃出仕之雄心，但终被判罪长流夜郎（今贵州省遵义市桐梓县）。

《新唐书·李白传》中还有一种有争议的说法是：郭子仪早年曾为李白所救，为了报恩，他这次也为从宽处理李白出了大力。

流放行前，宗夫人和弟弟宗璟赶到浔阳为李白送行，这有可

---

① 参见周勋初《李白评传》，南京大学出版社，2005年4月第一版，138—139页。

能就是一次生离死别。

杜甫也在挂念流放中的李白,不顾利害地为他发声:

> 不见李生久,佯狂真可哀。
> 世人皆欲杀,吾意独怜才。
> 敏捷诗千首,飘零酒一杯。
> 匡山读书处,头白好归来。
> ——《不见》

李白、杜甫、高适,这三人的命运都为这场皇室内争所深刻改变,或流放,或贬斥,或显达。

但若走出内斗叙事,放眼平叛大局,可以分明看见,此刻张巡和许远正伫立在睢阳孤城上,残阳如血。

第八章

张巡的牙齿
（至德二载十月初九）

唐肃宗至德二载（757）十月初九，睢阳城陷，张巡与许远一起被俘。叛军名将尹子奇语带讥讽地问张巡："听说你督战时，都激愤到眼眶破裂、血流满面、牙齿皆碎，何至如此呢？"张巡傲然答道："我欲气吞逆贼，只是力不从心而已。"尹子奇勃然大怒，令人用刀撬开张巡的嘴，发现只剩下三四颗牙齿。

尹子奇为之动容，感佩张巡气节，不忍加害，但手下对尹子奇说："张巡这样谨守节义的人，必不为将军所用。而且他深得军心，不杀恐生后患。"当天，张巡、南霁云和雷万春等三十六人一同遇害，临刑前，张巡"颜色不乱，扬扬如常"。

自至德二载元月睢阳被围以来，张巡、许远以一支不足七千人的孤军对抗十余万叛军；至十月失守，睢阳保卫战打了九个月之久，不仅保全了作为唐朝财赋来源的江淮地区，还牵制了大量叛军兵力，间接支援了唐军在长安—洛阳主战场的大反攻。

韩愈在《张中丞传后叙》中用了一个反问句盛赞张巡、许远："守一城，捍天下，以千百就尽之卒，战百万日滋之师，蔽遮江淮，沮遏其势。天下之不亡，其谁之功也？"

就在睢阳失守十一天前（九月二十八日），唐军收复长安；睢阳失守九天后，唐军收复洛阳；睢阳失守十二天后，尹子奇兵败被杀。

张巡、南霁云、雷万春死在了黎明之时。

张巡留下的最后一句话可能是对南霁云说的:"南八!男儿死尔,不可为不义屈!"

他们这群人,个个都是男儿本色。

一

洛阳称帝后,安禄山登上人生巅峰,但身体却出了大问题。他不仅因为痴肥而全身长满毒疮,疼痛难忍,而且视力渐渐模糊,甚至已接近完全失明。以现代医学的视角,安禄山有很大概率是个糖尿病患者。

病痛,再叠加起兵后的忧惧悚惶,让本就脾气暴烈的安禄山更加烦乱,身边人动辄得咎,连贵为谋主的严庄也时常被肆意鞭挞。不堪凌辱的严庄决定除掉安禄山,他找到了阉人李猪儿作为内应。

李猪儿本是安禄山的亲随,十几岁起就开始侍奉,后经安禄山亲自阉割,愈加得宠,连安禄山去华清池面圣,都让李猪儿跟着。但安禄山患病后,李猪儿不仅动不动便遭暴打,还始终生活在性命不保的恐惧之中。严庄一找到他就当头棒喝:"不行大事,死无日矣！"李猪儿加入。

宫廷政变并非儿戏，严庄还找到了安庆绪作为政变的闭环。自从长兄安庆宗在长安被李隆基杀掉祭旗之后，安庆绪就将自己视作安禄山名正言顺的继承人，乃至大燕太子，但谁料安禄山并不喜爱生性懦弱、不善言辞的安庆绪，更属意他的异母弟弟安庆恩，欲废长立幼，而这在草原民族的政治文化中本就没有什么舆论阻力。立储无望也就罢了，安庆绪更担心自己被父亲杀掉，为弟弟让路，这时候经严庄一挑唆，他立即答应："兄有所为，敢不敬从。"安庆绪加入。

至德二载（757）正月初一，安禄山接受大臣朝拜，因为疮痛发作，朝礼未毕就匆匆结束了。严庄感觉动手的时机成熟了，正月初一（一说正月初五）夜，他和安庆绪站在安禄山的营帐外，让李猪儿带刀直入帐中，李猪儿挥刀猛砍安禄山的腹部。安禄山发现遇袭，想取床头挂着的刀，但因为双目失明一时间又没找到，只能摇着帐幔撕心裂肺地怒吼道："是我家贼！"喊罢，"腹肠已数斗流在床上"，当场毙命。为了掩人耳目，严庄让人在床下挖了一个几尺深的洞穴，用毛毯包着就将安禄山草草埋了，什么安葬仪式都没有。

严庄甚至没打算立即公布安禄山的死讯，他对外宣称安禄山传位给安庆绪，尊称安禄山为太上皇。安庆绪做了大燕皇帝，而严庄得到的丰厚政治回报是：被新帝尊为兄长，事无巨细都要征求他的意见，一跃成为大燕朝第一权臣。

安禄山起兵才十四个月，当皇帝更是刚满一年，就落得个腹破肠流的惨状，其间大多处于忧惧与病痛之中。这次起兵对安禄山个人而言，除了过了整一年的皇帝瘾，可以说是得不偿失，连同流亡中的李隆基一起可谓是双输。当然，同样是被儿子"篡位"，李隆基至少性命无忧。

那么，安庆绪接手的是怎样一个大燕朝呢？

颜真卿撤离平原以及饶阳失守后，河北诸郡已悉数落于史思明之手，唐军坚持了一年的河北"敌后战场"沦亡，这也成就了史思明在燕朝军界的崛起。

严庄发动兵变时，从河北腾出手的史思明合兵蔡希德、高秀岩和牛廷介三部，正引兵十万进犯太原，想经河东威胁朔方。李光弼麾下精锐此时都在随郭子仪勤王，他仅凭不足万人的偏师坚守太原一个多月——如果说睢阳保卫战的底色是惨烈，那么太原保卫战则是奇迹。李光弼又是用投石机，又是挖地道，又是造陷阱，又是骑兵奇袭，将骄矜的史思明打得羞愤难当。要不是新即位的安庆绪此时下诏让史思明率部回镇范阳，留蔡希德继续围攻太原，计无所出的史思明都不知如何收场。

史思明刚走，率敢死队出击的李光弼就大败蔡希德，战报说斩首七万人，是叛军起兵至今空前的惨败。斩首数字多少有些水分，但重要的是，蔡希德战败遁逃，太原之围解了。

回范阳后，被封为妫川王的史思明野心开始膨胀。一方面，他只服一路追随、杀伐决断的安禄山，对安庆绪这个懦弱、缺乏威信，还比自己小一辈的新皇帝毫无认同感；至于严庄，安禄山麾下的骄兵悍将们什么时候看得起过这些汉族文人。另一方面，史思明强军在手，河北有的是良马和骑兵；何况，自安禄山起兵后，自长安、洛阳两京掳掠的财富基本都运回了范阳，史思明"拥强兵，据富资"，就更不把安庆绪放在眼里了。此时史思明相对于安庆绪的洛阳中央政权已处于半独立态势，或者说是一个貌合神离的盟友状态，为唐军迫在眉睫的大反攻提供了各个击破的机遇。

安禄山暴毙之后，一时间安史之乱还剩下三大战场，唐军的对手主要都是安庆绪军：其一是长安—洛阳主战场，自朔方灵武方向而来的唐军主力正呼啸南下，力图一举克复两京，而叛军只有招架之功，无论是北上灵武剑指李亨，还是南下蜀地震慑李隆基，安庆绪都既无心也无力；其二是睢阳—南阳战场，山南东道节度使鲁炅坚守南阳，张巡和许远刚从雍丘撤守江淮地区的门户睢阳，叛军想突入江淮切断唐朝的财赋来源，必须得拿下睢阳，在这一战场上，拥有优势兵力的叛军处于攻势；其三是相对次要的河东战场，李光弼打赢太原保卫战之后，郭子仪又率朔方军在河东连败叛军，取得了局部的战略主动权。

安庆绪即位之后，他和严庄的第一个军事大动作就选择了兵发睢阳。

第八章　张巡的牙齿（至德二载十月初九）

至德二载正月，十三万叛军涌至睢阳城下，主将是尹子奇。

二

张巡并不是横空出世于睢阳。早在安史之乱爆发之初，张巡就主动站在了抗击叛军的第一线。

安史之乱爆发时，张巡正任真源（今河南省周口市鹿邑县）县令。天宝十五载（756）正月，叛军大将张通晤连破宋、曹等州，张巡的顶头上司、谯郡（今安徽省亳州市）太守杨万石就投降了安禄山，还逼迫张巡跟着从贼。张巡带领全县官吏大哭于玄元皇帝祠，随后愤而起兵，跟随者有一千多人。在之后的近两年时间里，张巡成为叛军恨不食肉寝皮的奇男子。

雍丘（今河南省开封市杞县）县令令狐潮归降安禄山之后，适逢城中大乱，张巡带兵趁乱攻入雍丘，令狐潮弃城逃跑。从天宝十五载二月令狐潮率军反攻雍丘开始，到十二月初张巡主动弃城，雍丘守了十个月，常态是以两三千人的微薄兵力抗击叛军的数万人。其间叛军又是强攻，又是围困，又是劝降，又是切断粮道，但雍丘始终岿然不动。

张巡在雍丘遭遇的最大危机是，守军得知长安失守后，军心为之浮动，有六名将领联袂找到张巡，劝他说："雍丘兵力薄弱，难以长期抵抗，何况如今皇帝是死是活也不知道，不如投降算了。"张巡当时假意答应，次日，他将天子画像悬挂在大堂上，然后领着官员将士一起朝拜。正当众人触景生情泣不成声之时，张巡突然命人将那六名将领带上来，先是责以君臣大义，然后一同推出斩首，极大振奋了雍丘军心。

张巡守雍丘最神奇的一幕是用草人借箭骗倒了令狐潮：他命人给一千多个稻草人穿上黑衣，用绳子串起吊到城下，做出一副夜袭的模样，叛军自然是万箭齐发……当守城将士把"黑衣人"拉上城楼后，清点战果，居然得箭数十万支。

至德元载（756）十二月初，张巡主动放弃雍丘，率将士三千余人、马三百匹，移师向东，转战宁陵（今河南省商丘市宁陵县），睢阳太守许远闻讯后也亲自带兵赶来助阵，这也是张巡和许远在战场上的首次合作。在宁陵保卫战中，唐军大破叛军，据说斩首一万余级。

张巡在宁陵只待了一个月。很快，前方传来了叛军即将大举进攻睢阳的战报，许远立刻遣使向张巡告急。至德二载（757）正月，张巡带着仅有的三千人进驻睢阳，许远所部也只有三千八百人，两军合兵也不过六千八百人。

而在睢阳城下，是尹子奇带来的十三万大军。

在双方交锋的第一个回合里，张巡指挥唐军昼夜苦战，最多时一天击退叛军二十次进攻。激战十六天后，叛军在睢阳城下留下了两万多具尸体,被唐军俘虏的将领多达六十余人。在第十六天深夜,尹子奇趁夜悄悄拔营而走,睢阳士气大振。

张巡的神勇,令睢阳太守许远不胜钦服,他主动向张巡提议:"远懦,不习兵,公智勇兼济,远请为公守,请公为远战。"从此,许远只负责粮草、军械等居中后勤事宜,将守城作战的指挥权悉数移交给张巡。

一个多月后,尹子奇卷土重来。张巡下令杀牛慰劳三军,随后率军主动出击。叛军发现唐军只有寥寥几千人,竟敢出城决战,乐不可支,一派骄兵之态。许远城上击鼓,张巡亲执战旗,率军正面冲击敌阵,唐军锐不可当,倏忽之间就击溃了叛军,斩杀三十余将,击毙士卒三千余人,追亡逐北数十里。

第二回合,张巡再胜。

至德二载五月,拥有绝对兵力优势的尹子奇仍然围着睢阳日夜猛攻。有一天晚上,张巡命令军队擂鼓列队,做出一副即刻夜袭敌营的姿态。叛军见状高度戒备,彻夜不眠,一直折腾到第二天凌晨,也没见唐军真的进攻。

天亮之后,张巡下令停止擂鼓,并解散了集合的队伍。叛军登上瞭望塔,仔细观察睢阳城的情况,发现唐军果然没了进攻的动静,这才让枕戈待旦了一晚上的士卒解甲休憩。就在此刻,张巡与麾下骁将南霁云、雷万春等十余人,各率五十精骑,突然从城门杀出,直冲敌营。刚刚歇下的叛军营中大乱,又被当场斩杀了五十多名将领、五千多名士卒。

张巡欲趁势射杀尹子奇，但在乱战之中却又无法及时辨识、定位，便心生一计，让士卒找到一些细木棍当作箭矢射出。被射中的燕军毫发无损，误以为唐军箭矢告罄，急忙找到尹子奇邀功汇报。张巡等的就是这个机会，确认尹子奇后，便让神射手南霁云上弦发箭，尹子奇虽未被当场射杀，但箭入左眼，要不是撤得快，差点儿做了南霁云的俘虏。睢阳之围遂解。

第三回合，张巡又胜。

在睢阳保卫战的前三回合中，张巡将自己在雍丘保卫战中初露锋芒的军事才华展现得淋漓尽致：以少胜多、昼夜苦战、以攻为守、夜袭敌营、削蒿为箭、斩首战术……张巡证明了他是这个时代的军事天才之一。军兴以来，唐军中表现比张巡更优异的将领可能也只有军神李光弼了。

张巡还有强大的人格魅力，他会抽空针对围城叛军进行攻心战，以忠义为感召，前后说降了两百余人，这些人投诚后就成为睢阳最坚强的保卫者。

七月初，尹子奇又征兵数万，再攻睢阳。叛军军势复振，但坚守了半年的睢阳却进入了被围城以来最艰难的时刻。首先是严重缺粮，睢阳城内三万石存粮已濒临耗尽，张巡和许远不得不实行严格的配给制度，全城军民每人每天分米一合（二两左右），不够吃就杂以茶纸、树皮为食；同时，尽管开战以来叛军在睢阳城

第八章　张巡的牙齿（至德二载十月初九）

下死伤数万，但睢阳外无援军，士卒战死一个少一个，到七月只剩下了一千六百余人，且是"饥病不堪斗"的残兵，实质上已经丧失了如之前那样主动出击的能力，唯余死守一条路。

为了从速攻城，尹子奇出动了一种特殊的云梯，据说类似于高塔，"势如半虹"，可"置精卒二百于其上"，一旦靠近城墙，梯内的叛军就可直接跳上城头。张巡迅速想出了应对方案，命人在城墙上凿了许多隐蔽的洞口，每三个洞口对付一座云梯，待云梯靠近，一洞负责钩住云梯使其不能后退，一洞负责顶住云梯使其不能放上城墙，一洞负责烧掉进退两难的云梯以及梯上的叛军士兵。

尹子奇每每想出一种攻城战法，祭出相应的秘密武器，张巡就可以回应出一种克制之法，两人的斗法背后，是这个时代最高水平的城池攻防战。

尹子奇祭出"钩车"，顶装铁钩，专钩睢阳城上的木制敌楼，"钩之所及，莫不崩陷"；张巡就针锋相对地设计了一种"吊车"，在大木顶端扎上铁链、铁环，连钩带车一起吊上城头，再斩断铁钩，将车扔下城去。尹子奇使出"木驴"，大约相当于明清战争时代的"楯车"，内藏士兵，外包牛皮，火攻和弓箭都无可奈何；张巡将金属熔化成高温的"金汁"，倾倒在木驴上，立刻将其烧成焦炭。尹子奇亮出"磴道"，就是用树木和沙土袋为材料在睢阳城西北角修筑一条便于大军冲锋的攻城坡道；张巡就命人每晚将松明、蒿草等易燃物塞在坡道下面的树木中，连续十几天秘密操作都未被叛军察觉，等到时机成熟、风向有利时，张巡便下令火烧磴道，无数火堆瞬间被点燃，大火一直烧了二十多天才熄灭。

尹子奇终于黔驴技穷，被迫放弃了强攻睢阳，命士兵在睢阳城外挖掘了三道壕沟，并设置木栅以阻挡唐军突围，明摆着是想把唐军困死在城中。睢阳粮草将尽，尹子奇需要的只是等待。

第四回合，张巡胜，但睢阳已是强弩之末。

进入八月，睢阳守军更是只剩下了六百人。张巡决定不再下城，他和许远各领三百人，他守东门和北门，许远守西门和南门，与将士们在城头上同食共寝。

在叛军已将睢阳围得水泄不通，唐军缺兵断粮之际，张巡深知，能救睢阳的就只有援兵了。

当时，睢阳附近有三支唐军：许叔冀在谯郡，尚衡在彭城（今江苏省徐州市），贺兰进明在临淮（今江苏省宿迁市泗洪县南），但这些人都在一旁拥兵观望，畏葸不前。危急之时，张巡派南霁云率三十骑兵突围而出，告急于贺兰进明。这位被称作"南八"的盖世勇将"直冲其众，左右驰射"，以仅阵亡两人的代价，冲出了叛军的数道包围圈。南霁云终于见到了贺兰进明，但这位御史大夫或是惧怕叛军势大，或是嫉妒张巡、许远的军功，据说还有唐军内部互相倾轧的因素，总之推说"今日睢阳已不知存亡，援兵去了还有什么用"。南霁云苦劝："睢阳若已失陷，我愿以死谢大夫。且睢阳与临淮互为犄角，若睢阳失守，叛军的下一个目标就是临淮，两城譬如皮毛相依，怎能不救呢！"贺兰进明虽无意救睢阳，但爱惜南霁云的忠勇，想将他收于麾下，便设宴款待，还安排了奏乐。宴席上，南霁云滴酒未沾，泪洒当场，锥心泣血："霁云昨日来时，睢阳军民已断粮一个多月了，我虽然想独食，但实在难以下咽。大夫坐拥强兵，却坐视睢阳失陷，没有半点儿扶危救难之心，这岂是忠臣义士所为？"

南霁云此时忽然自断一根手指，对着贺兰进明说："霁云既然不能完成主帅交给的任务，只能留下这根手指，以证明在下已经尽力。"举座悚然动容，泣声不绝。

随后，南霁云连夜离开临淮，临出城时怒射佛塔，箭入砖墙，并当下立誓："吾破贼还，必灭贺兰，此矢所以志也！"南霁云赶到此前张巡曾守过的宁陵，会同这里的守将，率领城中仅有的三千士卒，火速增援睢阳。待突破叛军重重封锁杀入睢阳时，南霁云身边的援兵只剩下了一千余人，好在突破封锁时从叛军那里夺取了几百头牛。这是睢阳的第一支，也是最后一支援兵。城中军民至此知道外援渺茫，虽恸哭不已，但矢志不渝。

到了十月，睢阳已临近最后时刻，城中彻底断粮。有人建议弃城东走，张巡和许远本也不是为殉城而殉城的莽夫，如果弃城能够符合更长远的平叛大局，他们自不会拒绝。但他们商议之后，一致认为："睢阳是江淮屏障，若弃城而去，叛军乘胜长驱直入，江淮就保不住了！何况，如今将士们都饿得无力远行，未必能突出重围。"身当乱世起伏之际，张巡、许远终不肯弃城而走，何尝不是一种士大夫深忧世运、心不能安的家国情怀！

继续坚守，这就是张巡和许远的最后答案。但是，他们仍然尚存希望，认为就算是战国时代原本敌对的诸侯，危难之时尚且互相救援，何况现在是同朝为官的贺兰进明等人呢，他们总不至于见死不救吧。就这一点，张巡和许远可能还是高估了人性的底线，固执地认为每个同僚心中都有"大局"这个东西在。

但是，粮食很早就吃完了，连茶纸、树皮也都吃完了，坚守总得吃东西吧？《资治通鉴》的说法是"茶纸既尽，遂食马；马尽，罗雀掘鼠"。没过几天，麻雀和老鼠也都吃光了，张巡此时做出了睢阳保卫战迄今为止最具争议性的一件事：人相食。张巡杀掉了爱妾，许远杀掉了几个家奴，将士们不忍吃，张巡逼着他们吃……据《旧唐书·张巡传》所载，在睢阳守军的最后时光里，"所食人口二三万"。

为了守睢阳，张巡被迫放弃的东西实在太多了，包括作为一个儒家士大夫的道德底线。千秋功罪，谁人评说？

十月初九，当潮水般的叛军涌上睢阳城头时，饿病交加的唐军将士已无力举起自己手中的刀枪。四十九岁的张巡向西遥拜，对着李亨的方向高喊："臣力竭矣，不能全城，生既无以报陛下，死当为厉鬼以杀贼！"张巡此时可能还不知道，王师此时已光复了长安。

张巡等三十六人被杀时，许远被押赴洛阳，但很快，就在安庆绪逃离洛阳前被下令杀掉。和许远一起被杀掉的，还有哥舒翰。

睢阳城陷三日后，张巡、许远至死不忘的援军终于来了，由兼任河南节度使的宰相张镐亲自领军。张镐本有希望救下睢阳，他曾严令濠州刺史闾丘晓引兵出救，但桀骜不驯的闾丘晓畏敌不进，故意放慢救援速度，直接导致了睢阳在孤立无援中失陷。张镐事后大怒，召见闾丘晓时以贻误军机罪杖杀了他。有一种说法是，行刑前闾丘晓曾以家有老母为由乞活，但张镐冷冷地回答："王昌龄之亲，欲与谁养乎？"

就在这一年的早些时候，王昌龄从被贬地龙标辗转回乡，路过亳州时被妒忌他才华的闾丘晓莫名杀害。

张镐杀掉闾丘晓，对张巡、许远和王昌龄而言都是迟来的正义。几个月前，也是张镐，营救了因房琯案受牵连的杜甫。但像他这样的义人，却是靠杨国忠的一力推荐才走上仕途的。

睢阳保卫战，历时九个多月，按照《资治通鉴》的口径，"前后大小战凡四百余，杀贼卒十二万人"。李翰在《进张巡中丞传表》中称："贼所以不敢越睢阳而取江淮，江淮所以保全者，巡之力也""若无巡则无睢阳，无睢阳则无江淮"。

但如果不是李翰的作传辩诬，张巡的"人相食"在李亨时代恐怕都过不了舆情这一关，"议者或罪张巡以守睢阳不去，与其食人，曷若全人"。除了一声叹息，知巡罪巡，其唯春秋。

除了名垂青史的张巡、许远，阻止叛军南下还有赖于一位略显低调的功臣：鲁炅。鲁炅死守江汉地区的屏障南阳一年，南阳失陷后又退保襄阳，《资治通鉴》评价说，"时贼欲南侵江、汉，赖炅扼其冲要，南夏得全"。

江淮和江汉地区的保全，令大唐的战争经济在至暗时刻得以运转。睢阳最后陷落时，叛军政权刚刚丢失长安，即将弃守洛阳，自顾尚且不暇，已经永久性地失去了攻略江淮的时间窗口。

三

至德二载（757）二月，李亨将行在迁到位于关中平原的凤翔，这里距离长安仅有三百多里，收复长安的战略意图昭然若揭。凤翔也就是之前的扶风，李亨即位后才易名。

开局一度是如此梦幻。李亨刚到凤翔十天，陇右、河西、安西和西域等地兵马也先后抵达，这可是大唐西军的主力；与此同时，来自江淮的赋税钱粮也经江、汉二水陆续运抵汉中；长安和各地士民听说皇帝驻跸凤翔，感到长安光复有望，纷纷前来投奔。这其中就有杜甫，处于半拘禁状态的他冒险从长安逃出，于这一年四月来到了凤翔，一见到李亨就被授为左拾遗，这就是"杜拾遗"这个著名称呼的由来;岑参也来了,幕主封常清被杀后,身在北庭的他不远万里来投奔李亨,在凤翔写下了带有边塞风的《行军诗二首》,诗中道"我皇在行军,兵马日浩浩。胡雏尚未灭,诸将恳征讨"。在杜甫等五人的推荐下,岑参被李亨任命为谏官。

岑参很可能是和万里赴戎机的安西、北庭两军一起到达长安的。统帅李嗣业率领他们到凤翔之时,李亨大喜:"现在有卿统兵,胜过几万雄兵。讨贼能否成功,全仗你等了。"这支百战精锐一路秋毫无犯,现在终于要出场了。

杜甫曾盛赞过这支百战边军的风采:

四镇富精锐,摧锋皆绝伦。
还闻献士卒,足以静风尘。
老马夜知道,苍鹰饥著人。
临危经久战,用急始如神。

奇兵不在众,万马救中原。
谈笑无河北,心肝奉至尊。
孤云随杀气,飞鸟避辕门。
竟日留欢乐,城池未觉喧。
——《观安西兵过赴关中待命二首》

踌躇满志的李亨感到万事俱备，只缺一个攻略长安的前敌主帅。李亨想到了老成持重的郭子仪，他此时正在河东主持战事，刚刚先后击败了燕军名将崔乾祐和安守忠，还在策划着从河东出兵，克复两京的计划。但李亨的想法是，唐军主力从凤翔一路东进，先克长安，再复洛阳。四月，李亨令郭子仪率朔方军从河东移师凤翔，任命他为司空和天下兵马副元帅，具体负责收复两京的战事。

上一章曾提到过，李泌并不认同先行收复两京的平叛方略，提出了直捣范阳，覆其巢穴的替代性方略。长安反击战打响之前，李泌又旧事重提，但此前一向对李泌言从计行的李亨这次却一反常态，坚持说："如今各路大军云集，钱粮赋税也都到了，应该趁兵锋正盛之际克复两京，岂能长途跋涉数千里去取范阳，这不是舍近求远吗？"

李泌回应称："以现在的兵力，克复两京不在话下。但叛军势力迟早会转弱为强，我军也会再次陷入困境。总之，先行收复两京并非长治久安之策。"

看见李亨很不以为然，李泌又耐心地补充说："克复两京后，天气也已转热，我军主力西北系将士耐寒畏热，必定难以适应天气，届时归心一动，恐怕难以挽留。而叛军逃回范阳之后，必然会秣马厉兵，等到西北军撤离，他们必将卷土重来，如此，这场战争便不知要打到何年何月了。因此我军主力首先应指向河北寒冷之地，扫荡叛军巢穴，这样才能从根本上扫平叛乱。"

李泌是立足于军事逻辑来阐述他的平叛方略，其中或许也低

第八章　张巡的牙齿（至德二载十月初九）

估了唐军进军范阳的后勤挑战。但是，李亨无意就军事谈军事，他站在宫廷政治的制高点说："朕急于迎回太上皇，所以等不及你所谓的长远方略。"

李泌一听，就知道这场争论已没有继续下去的必要了，李亨谈的是政治而不是军事，宫廷政治压倒一切。站在李亨的皇权角度，只有迅速收复两京，他才能确立自己的合法性，以中兴之主拨乱反正的身份，坐稳被太上皇和其他皇子威胁的皇位。一个值得反复提及的细节是，李隆基曾和李亨有过正式约定，收复长安之时，他将放弃一切权力，彻底结束太上皇与皇帝分享皇权的"二元政治"。

在李亨看来，先行收复长安可以一揽子解决平叛与宫廷斗争的双重挑战，李泌口中所谓的"长治久安"过于奢侈了。

还有一种解释是，在李泌原先制定的方略中，建宁王李倓承担了从塞北向南攻击范阳的重任。但至德二载春，在李亨宠妃张良娣和李辅国的联手"构陷"下，建宁王在宫廷政争中被赐自尽，而幕后支持者很可能是李亨。李亨对李倓控制着禁军兵权深感不安，父子矛盾"随着两条平叛路线的分歧而激化，最终使肃宗借助李辅国诛除建宁势力"。对于李亨而言，"正是建宁事件使他彻底放弃了北线平叛的方针"。[①]

---

① 参见张国刚、王炳文《肃代之际宫廷内争与藩镇割据局面形成的关系》，收于《唐研究》第20卷。

无论如何，李亨选择先行收复两京的平叛方略，都是政治考量压倒了军事逻辑，要么是父与子，要么是子与父。

但给了李亨当头棒喝的是，郭子仪到凤翔后，亲自指挥的首战就遭到了惨败，败状直追上一年宰相房琯指挥的陈涛斜之战。在这场被称作清渠之战的大战中，唐军和燕军在长安西郊的清渠对峙了七天七夜。五月初六，燕军大将安守忠佯装后撤，郭子仪下令全军出击，燕军将九千精锐骑兵组成长蛇阵，以首尾为两翼夹击唐军，唐军大溃，抛弃了所有军资器械，退守武功县，行在凤翔紧急戒严。

清渠之战的惨败，除了郭子仪的轻敌之外，最本质的原因恐怕还是唐军实力欠缺，不足以在关中平原击败实力犹存的燕军主力，特别是自开战以来赖以横扫中原的胡族精锐骑兵。

这支聚集于凤翔的唐军主力，主要由两部分构成：一部分是郭子仪亲率的朔方精兵，作为唐军新进第一主力的朔方军，精锐是精锐，但最显著的弱项还是兵力不足，以一镇之力岂能倾覆安史叛军？还有一部分是陇右、河西、安西、北庭四镇兵马，这是李隆基时代赖以支撑西北开边大业的精锐边军，尤其是万里回援的安西军和北庭军此时刚刚到位，其战斗力也不必怀疑。但这部分军队的弱项在于，所谓的"西方二师"，也就是陇右军和河西军，曾被李隆基寄予厚望，却在开战以来屡次败于安禄山的"东北三师"手下，特别是哥舒翰的灵宝西原丧师一战，不仅元气大伤，而且以其弱势的战场表现证明了，陇右和河西军并不是安史叛军的对手。

第八章　张巡的牙齿（至德二载十月初九）

郭子仪战败后如梦方醒，开始正视凤翔唐军，特别是朔方军实力不足的问题，他的解决方案是向回纥借兵。这一想法很可能受到了上年十一月河曲收复之战的启发。当时在朔方一带割据的阿史那从礼占据了河曲九府，郭子仪在与回纥英武可汗并肩剿灭阿史那从礼的战斗中，亲眼见识了回纥骑兵的强大战力，尤其是对叛军骑兵的克制作用，也就是所谓的"以骑制骑"。

李亨听从了郭子仪的建议，向回纥紧急求援，借到了四千余人，兵虽不多，但都是精锐骑兵，领军者更是英武可汗之子叶护。叶护太子一来，就和唐军高层打成了一片，与郭子仪成为酒友，两人常常共赴酒宴；他还和广平王李俶结成兄弟，李俶为兄，叶护为弟，这层关系的重要性日后将反复显现。

除了回纥骑兵，凤翔唐军中还有不少来自西域、中亚各国的"盟军"，比如中亚古国拔汗那（汉代的大宛国，今吉尔吉斯斯坦费尔干纳地区）出兵助唐，比如于阗王尉迟胜听说安禄山起兵后，竟让王弟摄政，他亲自带兵五千入援中原。据两唐书和《资治通鉴》等汉文史料记载，连几年前在怛罗斯之战中击败唐军的大食也派兵入援大唐，可惜这并未被任何阿拉伯文和波斯文史料证实。[1]

回纥精骑一到位，李亨和郭子仪都感觉收复长安的时机成熟

---

[1] 参见王小甫《唐、吐蕃、大食政治关系史》，中国人民大学出版社，2009年12月第一版，176—177页。

了。李亨还郑重地对郭子仪说:"事之济否,在此行也!"郭子仪当即表态不成功便成仁:"此行不捷,臣必死之!"

至德二载九月十二日,李亨发布了总攻长安的敕令,由天下兵马元帅广平王李俶总领十五万大军,号称二十万,即刻挥师东进。据说回纥骑兵士气正盛、求战心切,一到凤翔就迫不及待地要求上阵,连酒宴都不肯多吃——但不久后唐朝人就会知道,他们的斗志别有缘由。

九月二十七日,唐军进抵位于长安西郊的香积寺,以李嗣业领前军,郭子仪领中军,王思礼领后军。大致可以推测出,李嗣业统领的是安西北庭军,郭子仪的中军是唐军主力朔方军,曾为哥舒翰副手的王思礼统领的应是河西与陇右的"西方二师"余部。

同日,十万叛军也在香积寺以北摆开了阵势,他们的统领是安守忠和李归仁,也就是在清渠之战中击败郭子仪的燕军黄金组合。

两军都没有观望拖延的意思,香积寺之战即刻爆发。这也是安史之乱爆发以来最大规模的一次战役,大唐兴废,在此一战。

李归仁率先出战,唐军将其击退后,遭到了燕军主力的反击,唐军阵脚大乱。这时候,前军主将李嗣业挺身而出说:"今天如果我们不以命相搏,决战于阵前,大军就全完了。"他随即脱掉铠甲,赤裸上身,手执陌刀立于阵前,大声激励全军反击。此刻李嗣业就如军神附体一般,"当其刀者,人马俱碎",一连杀了数十人,终于顶住了燕军的攻势,唐军这才稳住阵脚。

第八章　张巡的牙齿(至德二载十月初九)

此时李嗣业摆出中国古代战争史上赫赫有名的陌刀军阵：李嗣业身先士卒，全体重装步兵各执陌刀，如墙而进，长刀如林，绞杀一切挡在他们前面的叛军，挡者"人马俱碎"。陌刀是一种长柄刀，发明者很可能是李靖；陌刀阵本是唐军用于对付西北游牧骑兵的战法，这还是第一次大规模应用于中原战场。陌刀阵的最大优势是，可以弥补唐军骑兵数量不足的软肋，为重装步兵结阵对抗骑兵，也就是所谓的"以步制骑"，提供了古代世界的最佳解决方案，而这种阵法最需要的就是勇气和纪律。李嗣业之后，岳飞也在郾城大战中，用陌刀的变种"斩马刀"，大败完颜宗弼的重骑兵精锐铁浮屠。

唐军大将王难得为了救一个被叛军包围的副将，混战中被一箭射中眉骨，额头上的一块皮垂下来遮住了眼睛。王难得不仅自己拔掉了箭，还干脆把皮也撕了，"血流被面，前战不已"。

燕军本来还留有后手，即在战场东面埋伏了一支精锐骑兵，准备趁作战焦灼时，再出其不意地绕到唐军背后突袭。这可以说是安史叛军屡试不爽的战法。唐军自开战以来的历次溃败，几乎都出现了叛军骑兵突袭的魅影。哥舒翰的灵宝西原之败，也是由于叛军骑兵在最后阶段迂回背后的突袭，才导致全军溃败，这与叛军在香积寺之战中的作战计划如出一辙。

那么，这次叛军骑兵是否会复刻击败哥舒翰大军的辉煌呢？

答案是不会，因为唐军的序列中有了回纥骑兵，一支比叛军的东北游牧骑兵更强大的骑兵。

唐军斥候侦察到了燕军伏兵，立刻禀报中军主将郭子仪。郭子仪即命大将仆固怀恩带上一支回纥骑兵，直扑燕军埋伏之处，转瞬便将这支伏兵歼灭。得知伏兵尽没的消息后，燕军士气顿时大挫。李嗣业乘势与回纥兵团一起迂回到敌军阵后，阻断了燕军的退路，与唐军主力一起对燕军形成了前后夹击。至此，燕军终于全线崩溃。

香积寺一战，从午时战斗到酉时，在三个时辰左右的时间里，叛军共被斩首六万余级，跌入沟堑摔死、压死的也不计其数，残军匆忙逃回长安。

香积寺之战后，燕军在关中的主力基本被歼灭，唐军收复长安已无任何悬念。仆固怀恩判断叛军必将弃城逃跑，多次请缨，连夜率二百骑兵追击，生擒安守忠和李归仁，以免纵虎归山，"使复得众，还为我患，悔之无及！"但广平王李俶以激战终日，部队甚疲为由，拒绝了仆固怀恩连续四五次的追击吁请，坚持等第二天再发兵。

天一亮，唐军斥候就带来消息，叛军果然连夜东撤，长安不设防。

当天（九月二十八日），唐军光复长安。自去年六月十三日李隆基逃离长安，数日后叛军大将孙孝哲占领长安至今，光复长安共用了一年三个月。

但此时一个极其棘手的问题摆在了李俶面前。为了争取回纥尽快出兵，李亨此前曾与回纥可汗达成了一个未经深思熟虑的约定："克城之日，土地、士庶归唐，金帛、奴婢皆归回纥。"

现在长安光复了，履行承诺的时候到了。但是，如果真的要履约，就必然意味着一场不下于当年叛军入城的大浩劫，不仅是生灵涂炭、妻离子散、十室九空，而且李亨朝廷势必民心尽丧，将光复长安的荣耀变成一场开门揖盗式的国家耻辱。届时，李亨这个中兴之主的光环将在物议沸腾中荡然无存。

叶护太子果真也找上门来，李俶立即下马拜于叶护马前，诚恳地说："现在刚刚收复长安，如果立即劫掠金帛、奴婢，恐怕洛阳人会出于恐惧群起帮助叛军守城，大大增加我军攻克洛阳的难度，所以，我们这个约定可不可以等到收复洛阳后再兑现？"叶护见广平王施以大礼，慌忙下马回拜义兄，忙不迭地表态："一切听义兄的，让我们先打下洛阳再说。"

听闻广平王为长安化解一大劫，全军蕃汉将士和长安民众，都哭着感谢李俶说："广平王真华夷之主也！"后来李亨感慨地说："朕不如这个儿子啊。"

当广平王带着大军浩浩荡荡进入长安时，长安百姓夹道欢呼，很多人的眼眶中都饱含泪水。叛军在长安倒行逆施，长安父老苦燕久矣。

一天后（九月二十九日），收复长安的消息传到了凤翔，当着朝贺的百官，李亨热泪盈眶。为了这一天，他已经倾尽全力，承受了太多的压力和身不由己。

当天，李亨便遣使入蜀，在送去捷报的同时，奉迎太上皇回銮长安。

四

在迎太上皇回銮一事上，李亨自作聪明地走出一个昏招。

李亨告诉李泌："朕向太上皇请求，一旦銮驾回京，朕就还像从前一样，回东宫继续当太子。"李泌听后愕然失色，急忙问："奏表还追得回吗？"李亨答："信使已经走远了。"李泌当下断定："太上皇不会回长安了。"李亨不解地询问原因，《资治通鉴》只记录了李泌一个玄乎的回答："理势自然。"

既然信使追不回来，李泌当即给出了补救方案："以百官的名义再上一份奏表，陈述从'马嵬请留'到'灵武劝进'，再到今日'光复长安'的种种情势和不得已而为之，然后表达陛下思念上皇，盼望上皇从速回銮的孝心，这就可以了。"李亨赶紧让李泌起草奏表，读后怆然泪下："朕原本怀着至诚之心，希望将大政奉还给上皇，现在听了先生之言，才知道朕这种想法是多么的不妥当啊。"

这段对话的机锋隐藏在文字背后：退位当太子也绝不是李亨的真实想法，可以理解为李亨的政治试探。当然，李亨和李泌之间很可能是坦诚的，但他们的对话内情并没有被史书完全记录下来。

如李泌所料，李隆基收到第一份要求他归位的奏表时，"彷徨不能食，欲不归"。这也并不是李隆基不想当皇帝，而是担心会因此打破业已确立的皇帝—太上皇的二元政治格局，进而引起父子之间实即皇权之间的冲突与政局的更大动荡，伊于胡底。①

说白了，李隆基既担心回京引发父子政治冲突，甚至顾虑性命之忧，也操心父子争位的冲突会搅乱大唐政局，破坏平叛大局。公心和私心搅在一起，增加了此事的复杂性。

而李亨放心不下的是，李隆基长期在蜀等同于"另立中央"，形成了与长安相游离的第二政治中心。现在趁着收复长安的政治利好，自己的皇位愈加稳固，让太上皇回銮，放在自己眼皮底下，他的皇位才坐得安心。

还是如李泌所料，李隆基收到第二份奏表后，"乃大喜，命食作乐，下诰定行日"。李隆基深知复辟皇权已不现实，徒增烦恼，与其为了皇位与李亨纠缠不清乃至交恶，还不如立足于太上皇的政治地位进行博弈，才可保得平安、尊严及部分政治空间。

李泌这件事办得让李亨遂心如意，但李泌觉得长安既已克复，自己出山有成，也到了激流勇退之时。

李泌突然向李亨请辞："臣报答了陛下的恩遇，现在到了再度归隐的时候了。"李亨毫无心理预期，惊诧地说："朕与先生忧患与共有一段时日了，如今刚刚才可以共富贵，先生怎么就走了呢？"

李泌的态度很坚决："臣有五条不可留的理由，愿陛下准许臣

---

① 参见任士英《唐代玄宗肃宗之际的中枢政局》，社会科学文献出版社，2003年12月第一版，280—281页。

离开，让臣免于一死。"接着他就一一摊出："臣遇陛下太早，陛下任臣太重，宠臣太深，臣功太高，迹太奇。此其所以不可留也。"

李亨欲以困倦为由搁置李泌的请辞，但李泌却不依不饶："陛下今日与臣在同一卧榻，这么私密的场合尚且不同意臣的请求，何况他日在御案之前？陛下不让臣归隐，就是杀臣。"

李亨痛心疾首："没想到先生会如此疑朕，朕这样的人又怎么可能会伤害先生呢？莫非先生将朕当成了勾践那种对功臣刻薄寡恩的君王？"

"正因陛下尚未杀臣，臣才能提出请求，若真到了那一天，臣哪还有机会说话？"李泌连忙解释说，"杀臣者非陛下也，而是臣方才说的五条'不可留'。陛下待臣一向如此恩遇，臣有些事尚且不敢言，天下大定之后，臣就更不敢说什么了。"

李亨沉吟不语良久，才问："先生说的是朕没有听从你的北伐之谋吧？"李泌说不是，这才道出了他对李亨的最后进谏，力陈建宁王李倓被杀是冤案，以武则天之子李贤的《黄台瓜辞》为例，劝告李亨以史为鉴，不要一错再错，继冤杀建宁王之后，再纵容身边人对广平王不利，所谓"黄台之瓜，何堪再摘"。

李泌这番话的背景是，李亨宠幸张良娣，这位未来的张皇后很有政治野心，与李辅国勾结，先是除掉了建宁王，又想对广平王下手，以为将来自己儿子夺嫡做准备。当然，李泌言语中刻意撇清了李亨在其中的责任。

第八章　张巡的牙齿（至德二载十月初九）

事实上，李泌的归隐也与忌惮张良娣和李辅国谋害有关，他毕竟是深谙道家出世保身之道的高人。但更深一层的考量可能是，李亨杀子也让李泌感到了这位主子骨子里的凉薄，在半年左右的时间里，逼宫父皇、追杀亲弟李璘、赐死皇子，很难说下一步屠刀会不会转向李泌。毕竟，李泌与建宁王不仅平叛政见接近，且有私交。

李泌交代完最后的谏言，便对朝政再无眷恋，李亨再三挽留不果后，只得放李泌回衡山归隐去了。

当李亨与李泌就去留与否纠缠之际，唐军正挥师东进，直指东都洛阳。

唐军在长安只休整了三天，李俶和郭子仪就再度出征了。出师之初，郭子仪先在潼关一带追击叛军，斩首五千级，然后又相继攻克了华阴、弘农（今河南省灵宝市）二郡。

洛阳是燕政权的都城，绝无可能不经血战就轻易放弃，悬念只是这一战会在哪里打。安庆绪和严庄商议后，便调集洛阳的一切兵力，命严庄率领，火速增援陕郡，同从长安一路溃退至陕郡的张通儒合兵后，步骑竟也达到了十五万人之多。这已经是安庆绪的全部家底了，他准备在陕郡放手与唐军做殊死一搏。

十月十五日，广平王李俶率军进至曲沃（今山西省临汾市曲沃县）。郭子仪亲自带兵突进，在陕郡西面的新店与叛军迎个正着，即刻展开激战。叛军依山布阵，唐军仰攻时渐渐不支，被步步赶下山去，眼看叛军就要转守为攻，占据上风。

与香积寺之战一样，此时扭转战局的还是迂回的回纥骑兵。战前就埋伏在南山的回纥骑兵从背后偷袭叛军，出击时间选择得非常精准，正好是叛军杀下山空出侧后方之际。

叛军先是发现身后卷起了漫天沙尘，继而沙尘中射出了十几支箭，惊惶失措的叛军知道，他们的克星回纥骑兵又杀来了，未经接战便已望风而逃。这一战况很容易让人联想起八百余年后的一片石之战，李自成军也是在漫天扬尘中，遭遇八旗铁骑的突袭而溃败。

可以看出，回纥骑兵已经成了叛军闻之色变的终极恐惧，叛军起兵之初赖以横行天下的曳落河精骑已成回纥人的背景板。回纥骑兵之所以予取予求，无往而不利，除了强悍的战斗力之外，更重要的可能是其迂回突袭、出其不意的战术，次次都是唐军主力居前，回纥骑兵选择战局最胶着的时刻迂回突击。

新店之战规模虽然浩大，但激烈程度却远不如香积寺之战，骑兵最擅长的作战场景就是追击战，不用付出正面攻坚的巨大战损就可以轻易取得全胜。严庄在这一战中几乎败掉了安禄山留下的全部家底，十五万大军"僵尸蔽野""伏尸三十里""庆绪之党，十歼七八"。

十月十六日，安庆绪在洛阳看到惊魂未定的严庄和张通儒，心知大事去矣，连夜与严庄等人逃出洛阳，朝着河北方向奔去，残军只剩下一千步兵和三百骑兵。

至德二载十月十八日，洛阳光复。广平王率军入城时，还在操心着如何兑现"金帛、奴婢皆归回纥"的约定，却惊喜地发现洛阳百姓已提前为回纥人准备好了一万匹锦缎，回纥人笑纳后也就没再纠缠到底。以上这个暖心的说法出自《资治通鉴》，但《旧唐书·回纥传》的版本是，回纥人还是在洛阳开抢了，而且一抢就是三天，抢完府库，抢商铺、民居，"财物不可胜计"。比较合理的推论是，回纥人的确先自行抢了，然后广平王从洛阳民众那里凑了一大笔赎城费，给了回纥人，才停止了抢掠。

在洛阳，广平王个人最大的收获是：他寻回了王妃沈氏，也就是民间以讹传讹的"沈珍珠"。一年多前逃离长安时，仓促之间，广平王没来得及带王妃一起走，沈氏被叛军俘虏后押送至洛阳。这对夫妇失散了一年四个月之后，终于重聚。

三天后（十月二十一日），叛军中接连发生了两件大事。其一是陈留郡军民杀掉了叛军守将，宣布全郡反正。陈留守将就是尹子奇，此时距离他攻陷睢阳、杀害张巡（十月初九），连两周都不到，这算是天道循环吗？

其二，叛军中有人来降，接洽时唐军才发现竟然是严庄。这个参与密谋起兵的安禄山顶级谋主、谋杀安禄山的策划者、安庆绪的头号重臣，竟然在穷途末路之时也降了，反得干脆，降得也利落，倒也是奸雄本色。《安禄山事迹》中还有个充满戏剧性的段子：严庄先派妻子薛氏假扮永王十一女，见到广平王和郭子仪时才和盘托出自己的身份，提出的投降条件是当众颁发免死铁券。广平王和郭子仪一商量，如果严庄这等叛军大员归降，再招降其余人想必就顺利多了，于是应允了颁发免死铁券的条件，还让他去长安觐见李亨。

严庄到长安不仅没获罪，还授封司农卿，从三品职衔，大唐对反正的叛臣不能更宽大为怀了。但是，对于那些原为唐臣的附逆者，等待他们的命运裁决又是什么？

五

至德二载十月二十三日，唐肃宗李亨回到了阔别一年四个月的长安。上次离开时他还是为各种不确定性所困的太子，归来时已是中兴大唐的天子。

圣驾回銮，长安百姓踊跃出城迎驾，队伍一直排到了二十里外，人人高呼万岁，有人手舞足蹈，有人喜极而泣。

此种盛大祥和的场景可能只是李亨回銮的一个面相，针对"附逆者"的政治清算正磨刀霍霍。

就在李亨回长安这一天，御史中丞崔器将那些投降叛军的变节官员集中到一起，命他们脱下冠帽鞋袜，赤足立于大明宫正殿含元殿前，捶胸顿首请罪于天子。这些官员周围环立着监视他们的士兵，跟随李亨从凤翔回到长安的官员也被命令来到含元殿前围观附逆者如何受辱。

两天之后（十月二十五日），以伪宰相陈希烈为首的三百多名附逆官员也从洛阳被押回长安。崔器让他们又上演了一次两天前的示众仪式，然后把他们关进狱中。

按照崔器的意思，这些贰臣按律皆应处死，李亨本准备同意这一大规模处决的清算方案，但宗室李岘此时及时站出来劝谏说："贼陷两京，天子南巡，人自逃生。这些附逆者都是陛下的亲戚或勋旧子孙，现在不分青红皂白地一概处死，恐怕有违于圣人的仁恕之道。"李岘这里说的是道义，接下来他更多谈到了利害，"现在河北未平，叛军那边的附逆官员还很多，如果对附逆案件从轻怀柔处理，就会让他们产生重新归顺朝廷的想法；如果杀尽附逆者，那些还没反正的人就会顽抗朝廷到底了"。

李岘话里话外，透露了当时流行于士大夫中的一种舆论，所谓"天子南巡，人自逃生"，就是暗喻李隆基抛弃百官离京"实际上率先背弃了君臣之间的契约，因此臣下可以自寻出路"。也就是说，在士族社会余音犹存，家族与国家孰轻孰重尚未有定论的思想背景下，臣对君的"忠"不是一项无限责任，君主也要承担相应的义务；同时，臣子除了恪守职责之外，并不一定要承担以身殉国的道德义务。[1]

李岘的观点固然更宽仁中正，也更契合当时的平叛实际，但是也应该考虑到，"李岘代表的是宗室、功臣等既得利益群体，他

---

[1] 参见仇鹿鸣《长安与河北之间：中晚唐的政治与文化》，北京师范大学出版社，2018年11月第一版，74—77页。

们与不少附逆官员有着千丝万缕的联系"。①也就是说，单纯从政治道德出发对哪一派观点进行批判，可能都是失之偏颇的。

崔器和李岘这两派争论了很多天，李亨几经斟酌，最终选择了李岘的"从宽论"。但有迹象可以看出，如果不是因为"河北未平"，李亨的本心是从严不从宽的。

相比全部处死的原方案，新方案将数量众多的陷伪官员以六等定罪，详加甄别，"重者刑之于市，次赐自尽，次重杖一百，次三等流、贬"。

安禄山亲封的两个宰相达奚珣和陈希烈是这批附逆官员中最受关注的，另一个宰相张垍或许是幸运的，他很可能在唐军收复洛阳前就一命呜呼了。达奚珣被判定为一等罪，连同其他十七人被斩于城西南独柳树下，李亨还令百官围观；陈希烈被定为二等罪，和其他六人被赐自尽于大理寺。值得注意的是，作为三等罪的"重杖一百"，在这次定罪行刑中实际上等于处死，达奚珣之子达奚挚等二十一人被杖时死于京兆府门。②

京兆尹崔光远的人生经历很奇特。李隆基弃长安时，被指派留守的崔光远是大唐的京兆尹；叛军还没进长安前，崔光远就已

---

① 参见胡平《未完成的中兴：中唐前期的长安政局》，商务印书馆，2018年5月第一版，40页。

② 参见仇鹿鸣《长安与河北之间：中晚唐的政治与文化》，北京师范大学出版社，2018年11月第一版，56页。

派儿子主动联络安禄山,被委任继续当大燕的京兆尹;叛军内乱时,崔光远从长安跑到灵武投奔李亨,还平叛有功,因此李亨进长安时,崔光远又作为从龙功臣当上了大唐的京兆尹。

这三个"京兆尹"背后,是崔光远一贯快人一步的政治抉择,他没有像哥舒翰那样在死战之后,才投降安禄山,也没有像达奚珣、陈希烈那样在唐军光复两京后,做了大唐的俘虏。

投降与反正,也是一个需要高超操作技巧的技术活儿。

凭借弟弟王缙的"削己官位以赎兄罪",以及那首著名的《凝碧池》,同在陷伪者之列的王维逃过了一劫。

还有一种说法是,甄别初期,王维曾和郑虔、张通一起被关在宣阳坊。宰相崔圆看中三人都长于绘画,便让他们在自家墙壁作画,三人为了减罪便借这个机会极力请求崔圆出手相救,最后如愿以偿。

大劫之后,王维当上了他这一生仕途顶峰的尚书右丞;又与至友裴迪共同寄情于辋川山居,那里有柳浪、幽篁、白石滩和辛夷花;其晚期诗作已充满了佛教的遁世感,被后世称为"诗佛"。这首公认的禅诗处处表现禅理:

> 中岁颇好道,晚家南山陲。
> 兴来每独往,胜事空自知。
> 行到水穷处,坐看云起时。
> 偶然值林叟,谈笑无还期。
>
> ——《终南别业》

但仕途、山水、至友、诗名和佛经都无法抚平王维内心的极度痛苦,"他晚年的文章中翻来覆去反省自己为何不能自杀殉国,其自我贬责、自我作践的程度,让人不忍卒读"[1],甚至有"生无益于一毛,死何异于腐鼠"这样的自污:

> 当贼逼温洛,兵接河潼,拜臣陕州,催臣上道。驱马才至,长围已合,未暇施力,旋复陷城。戟枝叉头,刀环筑口,身关木索,缚就虎狼。臣实惊狂,自恨驽怯,脱身虽则无计,自刃有何不可。而折节凶顽,偷生厕溷。纵齿盘水之剑,未消臣恶;空题墓门之石,岂解臣悲?今于抱衅之中,寄以分忧之重。且天兵讨贼,曾无汗马之劳;天命兴王,得返屠羊之肆。免其衅鼓之戮,仍开祝网之恩。臣纵粉骨靡躯,不报万分之一。况褰帷露冕,是去岁之缧囚;洗垢涤瑕,为圣朝之岳牧。臣欲杀身灭愧,刎首谢恩,生无益于一毛,死何异于腐鼠?
>
> ——《为薛使君谢婺州刺史表》(节选)

与一般印象不同,在安史之乱平定前后,朝廷中弥漫着对王维这类陷伪者的同情,舆论将崔器等主张严惩的大臣视作"酷吏"。毕竟,盛唐时"忠"的观念还未像北宋以降那样转化为"无限义

---

[1] 参见黄晓丹《诗人十四个》,北京联合出版公司,2019年7月第一版,6页。

务",因此朝野才会公开地对"贰臣"表达同情以及理解,也因此司马光在《资治通鉴》中对此种同情和理解表达了强烈不满,"朝廷待忠义之薄而保奸邪之厚邪"。①

可能还是同样曾被叛军俘虏的杜甫最能理解王维的处境,他虽未降敌,但最知道此间的种种款曲和身不由己:

> 中允声名久,如今契阔深。
> 共传收庾信,不比得陈琳。
> 一病缘明主,三年独此心。
> 穷愁应有作,试诵白头吟。
> ——《奉赠王中允维》

安史之乱以来,杜甫似乎一直都在为人鸣冤,除了王维,他为李白卷入永王逆案鸣不平,为房琯罢相鸣不平……不平则鸣,穷而后工,这就是诗吧。

张巡的以身许国与人相食,王维的忍辱偷生与不得已,在盛世崩坏的天裂地坼之时,或许都可以视作人性在极端状态下的不同面相。对争议英雄固然不宜以今度古、求全责备,而对大时代中的挣扎者、求存者,能给些同理心就给些吧。

---

① 参见仇鹿鸣《长安与河北之间:中晚唐的政治与文化》,北京师范大学出版社,2018年11月第一版,70—73页。

尾声

回到长安
（至德二载十二月初四）

满目墙匡春草深，伤时伤事更伤心。

车轮马迹今何在，十二玉楼无处寻。

——韦庄《长安旧里》

罗马的太阳已经西沉，

我们的白昼已经逝去；

乌云、夜露和危险正在袭来，

我们的事业已成灰烬。

——莎士比亚《尤利乌斯·恺撒》

一

至德二载（757）十月二十三日，李亨还都长安，恰巧与李隆基辞别成都是同日。

十一月底，风尘仆仆的李隆基一行从成都一路北上，用了一个月的时间走到凤翔。刚到凤翔，李隆基就感受到了他与李亨地位的逆转，李亨派三千精骑"奉迎"，名为护驾，实际上一见面就解除了李隆基随行的六百多禁卫军的武装，但是《资治通鉴》还是将这一幕淡化为李隆基的主动选择，"上皇命悉以甲兵输郡库，上发精骑三千奉迎"。据《高力士外传》记载，缴械的主谋是"贼臣"李辅国，但得到了李亨的诏书确认，李隆基试图保留颜面地说了一句："临至王城，何用此物？"

凤翔缴械事件是个预言，几乎从一开始就定义好了李隆基回长安后的最后四年多的命运。

十二月初二，李隆基路经马嵬驿，正史中几乎没有记录，不过在三千禁军的监视下，李隆基举行公开悼念活动的可能很小。但《长恨歌》的虚笔多少贴合了李隆基的心境，"天旋地转回龙驭，到此踌躇不能去。马嵬坡下泥土中，不见玉颜空死处"。所谓"踌躇"，不仅包含着李隆基对杨贵妃之死的追悔与回忆，还隐藏着他对长安归途的深深忧虑。①

但接下去的事可能又有些峰回路转，让李隆基一度重燃父慈子孝的幻想。

第二天（十二月初三），李隆基进抵咸阳，李亨亲自前往咸阳望贤宫接驾，见面前特意脱下天子专属的黄袍，换上了太子时代的紫袍。李亨一到望贤宫南楼，立刻下马小步疾行，在楼下"拜

---

① 参见许道勋、赵克尧《唐玄宗传》，人民出版社，2015年3月版，565页。

舞"，这是隋唐时代臣子对皇帝最隆重的朝拜礼节。玄宗闻讯后赶紧下楼，亲手扶起并摩挲着分别一年半的儿子，禁不住老泪纵横。李亨匍匐着捧着父亲的双足，哭得不能自已。

如果说以上这一幕还属于父子劫后重逢的真情流露，那么接下去的一幕就又是以政治操作为主了。李隆基此时拿出一件黄袍，要亲自为儿子穿上，李亨一再叩首推辞，表示自己要做回太子，还政父皇。搞了一辈子政治且也和父亲李旦玩过这一套的李隆基自然不会当真，对李亨说："天数、人心皆归于你，朕只要能安享晚年，就算你孝顺了。"太上皇显然话中有话，李亨也就心照不宣地"勉强"穿上了黄袍。

咸阳父老见到这一幕，欢呼雀跃，视作太平盛世重临的征兆，感慨地说："臣等今日复睹二圣相见，死无恨矣！"

很少有皇帝比李亨更注重孝顺的名声了，为此他愿意用露骨的政治表演来交换。当晚留宿望贤宫，李隆基不愿居正殿，推辞说"正殿是天子之位"，李亨则坚持居偏殿，亲自扶着李隆基登上正殿；晚膳时间，李亨亲自尝了每一道菜，味道好的才命人送给太上皇。

第二天一早，车驾启程回京。李亨亲自为太上皇整理坐骑，然后又亲手牵马；当然，牵马就是一个姿态，牵了几步后李亨上马，又改成骑马在前为太上皇引路，还把驰道让出来，自己靠边而行。

尾声　回到长安（至德二载十二月初四）

李亨一连串的浮夸表演下来，李隆基发出感叹："我做了五十年皇帝，没觉得怎么尊贵；今天作为天子的父亲，才觉得风光无限啊。"李隆基这话，听一半就够了。经历了马嵬驿之变、李亨称帝和永王败亡的李隆基此时应是心灰意冷，对分享乃至重夺皇权再无奢望，只求体面安逸地安度晚年；但另一方面，李隆基这一略显做作的表态显然是说给李亨听的，极力宣示自己安于太上皇之位，让李亨安心，勿生猜忌之心。

十二月初四，李隆基从西北方的开远门进入长安城，距离弃长安的那个微雨清晨已过去了一年半。这一年半间物是人非、白云苍狗，李隆基被迫成了太上皇，杨贵妃和杨国忠死在了马嵬驿，安禄山在洛阳死于阉人与儿子之手，长安城失而复得……

进入长安城后，"文武百僚、京城士庶夹道欢呼，靡不流涕"，李隆基驾临大明宫含元殿，百感交集地接见了群臣，"亲自抚问，人人感咽"。

也在这一天，李隆基回到了他魂牵梦萦的兴庆宫，这里有他的盛世，有他的爱情。

父子重逢的这两天，李亨的表现堪称完美，拜舞礼、衣紫袍、居偏殿、亲执鞚、避驰道……一言一行都在表明自己的一片孝心以及无心皇位；而李隆基也配合得无懈可击，仿佛几天前的凤翔缴械事件根本没发生过一样，在父慈子孝、天下一家的包装下，李亨关于"得位不正"的焦虑得到了最大程度的消解。

李隆基曾承诺过，光复长安之时，即是他彻底放权之日。从本质上，李隆基此次回长安是想将兑现放权承诺，以及协助李亨证明称帝合法性，作为两大筹码，来换取太上皇生活的岁月静好。

平心而论，除了凤翔缴械的插曲之外，李亨起初的确在尽可能地保全这一政治默契，李隆基如愿过上了不问朝政但怡然自得的生活。父子俩还不定期地互相串门探望，倒也其乐融融，这似乎意味着，没有了政治的牵绊，他们真的可以享受到平常人家的父子天伦。

因为兴庆宫毗邻街市，李隆基还经常与民同乐，每当他在临街的长庆楼上出现之时，总会有长安父老顶礼膜拜、高呼万岁，李隆基因此还经常吩咐宫人在楼下当街设宴款待耆旧。不仅如此，李隆基还经常邀请当年的旧臣进宫，设宴款待，把酒言欢，重温开元天宝遗事。

李隆基虽然放弃了权力，但长安城并没有遗忘这位盛世天子，住在兴庆宫可以让李隆基时时重温当年被万民拥戴的巅峰时刻。

最让李隆基晚年大慰的有两件事。一是有不少信赖亲近的旧人随侍左右：高力士、陈玄礼、玉真公主、如仙媛，以及内侍王承恩和魏悦，还有那些他一手调教出来的梨园弟子；二是五代同堂，用清人赵翼在《廿二史札记》中的话来说是"一堂有五天子"，儿子李亨（肃宗），孙子李豫（代宗），曾孙李适（德宗），重孙李诵（顺宗），五世同堂，无论在民间还是皇家，这对一个古稀老翁而言都是人间至乐。

乾元元年（758）十月，李隆基又来到了骊山华清宫。这里的每个角落都有贵妃的身影、气息，当初的欲望已是记忆，李隆基只驻留了一个月，就匆匆返回长安。据唐人笔记《明皇杂录》记载，李隆基在华清宫时唤回了当年的宫廷舞者谢阿蛮，她跳完一曲《凌波曲》，特意展示了贵妃往日赠给她的金粟装臂环，李隆基忆及旧日时光，"凄怨出涕，左右莫不鸣咽"。

《开天传信记》中也有一个类似的睹物思人逸事：李隆基回长安后，检视旧时乐器，"乐器多亡失，独玉磬偶在"，这件制作神妙的玉磬正是当年他为"最善于击磬"的贵妃量身打造的；磬在人不在，李隆基"顾之凄然"，不忍将玉磬保存在身边。回忆能慰人心，亦能碎人心，他赶紧让人将玉磬送到主管祭祀礼乐的太常正乐库。

李隆基还试图以隆重的仪式改葬贵妃，这一诉求本也不算过分，毕竟贵妃当年草草葬于马嵬驿。李亨一开始也同意了，但礼部侍郎李揆站出来极力反对，认为"改葬贵妃恐怕会让参与马嵬驿诛杀杨国忠的禁军将士们疑惧"，因此"葬礼未可行"。李揆的异议代表了相当一部分朝臣的态度，"举行葬礼，等于否定了唐肃宗积极参与的马嵬驿事变，等于否定了龙武将士诛杀杨氏兄妹的合理性"。[1]

---

[1] 参见许道勋、赵克尧《唐玄宗传》，人民出版社，2015年3月版，571页。

李隆基只得退而求其次，秘密派宦官到马嵬驿改葬贵妃，也就有了前章中"肌肤已坏，而香囊仍在"的凄婉。

回忆是一条没有归途的路，以往的一切春天都无法复原。

如果故事就此收尾，李隆基的太上皇生涯大体上还是臻于完美的。然而，过了两年多的安宁日子之后，李辅国的出手让这一切戛然而止。

此时的李辅国早已权倾朝野，但偏偏太上皇身边的老人对他不以为然。李辅国怀恨在心，"且欲立奇功以固其宠"。上元元年（760）夏，李辅国跑到李亨那里告状："太上皇住在兴庆宫，与宫外大臣交往密切，尤其是高力士和陈玄礼这两个人，他们很可能在密谋推翻陛下。现在我们这些当年跟随陛下在灵武起兵的将士们，都人心惶惶，我怎么劝都无济于事，陛下您看怎么办？"

与李隆基在兴庆宫交往的官员中，有剑南入朝的奏事官、羽林军大将军郭英乂，蜀地官员与禁军将领，这两项身份都极具政治想象空间，很可能成为李辅国营造"太上皇复辟论"的关键论据。

李亨听后，他的应激反应又是最常出现的声泪俱下，表示"圣皇慈仁，岂容有此"。自马嵬驿之变以来，但凡是敏感或有争议的情境，李亨几乎都是以大哭来掩饰内心的真实意图，而后"不得已"地施展各种凌厉的招数。李辅国又对李亨说："太上皇固然不会，但他身边那些宵小就很难说了。陛下作为天下之主，凡事应从社稷大计出发，消灭祸乱于萌芽状态，岂能遵循匹夫之孝道行事？"

接下去，李辅国图穷匕见，以兴庆宫与市井坊间杂处，不易管控对外的各种联系为由，提出"不如奉迎太上皇回太极宫，大内森严，诸项条件与兴庆宫差不多，而且还能杜绝小人蛊惑圣听。如此，上皇享万岁之安，陛下有每日朝见三次之乐，这不就诸事皆宜了"。

对于李亨的态度，《资治通鉴》的记载是"上不听"，也就是没有回答，这或许可以理解为一种默许，也或许是司马光在给李亨留面子。总之，没有人比李辅国更能揣测李亨的心意，他丝毫没有收手的意思，先拿兴庆宫的御马下手，命人将马厩内的三百匹马全部拉走，只留十匹，当然，《资治通鉴》的口径依然是"矫敕"。闻讯后，李隆基伤感地告诉高力士："吾儿为辅国所惑，不得终孝矣。"

在这一刻，李隆基终于不再心存侥幸，不再幻想自己和儿子可以摆脱皇权的魔咒，相安无事地度过晚年。

上元元年七月，李辅国希冀已久的最终清算日终于来临。李辅国"矫称上语"，以李亨的名义邀请太上皇至西内太极宫游玩。李隆基一行人刚出兴庆宫睿武门，就被李辅国带领的五百刀斧手拦住，"露刃遮道"。李辅国说皇上认为兴庆宫低洼潮湿，派他来帮太上皇搬迁至太极宫，毫无准备的李隆基当时吓得差点儿从马上摔下来。

尽管暗战不断，但如这样赤裸裸的兵谏，在中国太上皇编年史上几乎是空前绝后。《资治通鉴》在这一段还是给李隆基留了不少体面，重点描绘了高力士的"单骑救主"。高力士怒斥李辅国："你怎么敢在太上皇面前如此无礼，快下马参拜！"李辅国不得已下马。高力士又大声喊道："上皇命我问将士们好。"据说五百刀斧手就这么被皇威震慑住了，收起兵器，跪拜，高呼万岁。在高力士的呵斥下，李辅国也乖乖地与他一起为上皇牵马。

看上去，气焰全无的李辅国是大输家。

但所谓的大逆转过后，我还是想强调一下此次逼宫的实质结果：李隆基当天就从兴庆宫搬到了太极宫。太上皇留下了一句给自己和李亨都保有颜面的漂亮话："兴庆宫，吾之王地，吾数以让皇帝，皇帝不受。今日之徙，亦吾志也。"

所谓高力士单骑救主，很可能就是李辅国与他达成的一个妥协，李辅国要的是迁宫这个结果，面子之类的尽可以留给太上皇，这可能也得到了李亨的某种暗示。让太上皇体面就是让李亨体面，深知此事敏感的李亨投鼠忌器，绝不会想将此事闹得不可收拾。从结果来看，高力士的救主恰恰在不期然间达到了李亨想要的效果。

《资治通鉴》还试图给李亨找了三处"体面"：一是说李辅国动手前还找来"六军将士"，"号哭叩头，请迎上皇居西内"，但"上泣不应"，这又是不表态就等于默许的经典套路；二是说李亨对这次兵谏未必知情，李辅国是趁李亨身体有恙之时"矫诏"而为，

尾声　回到长安（至德二载十二月初四）

永恒的理由，坏事都是李辅国干的；三是说事后李辅国带着六军大将素服请罪，李亨"迫于诸将"，才勉强同意了太上皇迁宫，还违心地安抚诸将："兴庆宫和太极宫，其实没什么分别。诸位爱卿这么做，是担心上皇受小人蛊惑，正所谓防微杜渐，以安社稷。"

对此，《旧唐书·玄宗本纪》的记录更接近直笔，"时阉宦李辅国离间肃宗，故移居西内"，看见了吧，是"离间"，不是"矫诏"。

从凤翔缴械，到强征御马，再到兵谏迁宫，这三件事，每一件都说是李辅国"矫诏"而李亨事先不知情，但哪一件又不是契合了李亨对太上皇的猜忌之心？李亨是很热衷表演，但他更敏感多疑。

李辅国的三次"矫诏"，与天宝五载（746）李林甫针对李亨掀起的"天宝三大狱"有异曲同工之处。在这两段政治风波中，具体动手的分别是李林甫和李辅国，幕后力量则是李隆基和李亨，满足的都是帝王为维护皇权而践踏亲情的隐秘需求。只不过十四年过去，主客易位，李隆基从予取予求的上位攻击者沦为毫无还手之力的太上皇，一如当年战战兢兢、朝不保夕的太子李亨，不过是皇权逻辑下的轮回而已。

兵谏迁宫之后，时任刑部尚书、一向仗义执言的颜真卿痛心于天家父子相残，牵头率百官上表，"请问上皇起居"，实质上就是提醒李亨要尊重、善待太上皇。但结果是，李隆基的境遇并没有得到什么改变，反而颜真卿被"辅国恶之，奏贬蓬州长史"。但厌恶他的真的仅仅是李辅国吗?

甚至在兵谏迁宫后,李亨君臣也没有偃旗息鼓之意。对李隆基打击最大的是,仅过了几天,他晚年最贴心的那几个人就被扫荡一空,"高力士流巫州,王承恩流播州,魏悦流溱州,陈玄礼勒致仕;置如仙媛于归州,玉真公主出居玉真观"。被抽离的不仅是友情、亲情与回忆,连守护身边人的最后尊严也被无情剥夺。

高力士流放前,还想见李隆基一面,便哀求手持诏书的李辅国说:"臣当死已久,天子哀怜至今日,愿一见陛下颜色,死不恨。"高力士或许已经预感到,这将是他见上皇的最后一面,但李辅国没给他这个机会。

李亨重新选了一百多个宫人,"置西内,备洒扫",又换了两个放心的公主来陪伴李隆基,这一次史书里甚至连"矫诏"的理由都没了。这不就是监视甚至软禁吗?

至此,李隆基一败涂地,形单影只,权力、亲情、爱情、友情、尊严、自由……李隆基试图一一握住,但又眼睁睁地看着它们流失在指缝间。

但或许,李隆基只是需要与孤寂签订一个体面的协定。

李亨君臣为何要在上元元年突然对李隆基发难?毕竟,回长安相安无事两年多,太上皇也早已自愿退出了权力中心。除了李辅国之类的不可控因素之外,可能也要看看那一两年的时局出现了何种新动向。

乾元二年（759）三月，号称六十万的唐军在邺城大战中意外遭遇大溃败，半年之后，洛阳又再度沦陷于叛军之手，李亨的平叛大业从收复两京时的高歌猛进骤然转为晦暗不明的胶着。在前两年的顺境时，李亨自可充满政治自信地给予李隆基各种人身自由，而不会去操心太上皇所谓的复辟；但当战局陷入逆转，李亨依靠平叛和收复两京建构的禅位合法性自然就遭到了舆论的挑战。当然，这很大程度上挑动了李亨自身敏感的权力神经，逆境使他很难再去宽容大度地看待太上皇频密的社会交往，此刻这些在他眼中都是宫廷政变的风险所系。

此时，深悉上意的李辅国再略加挑拨，所谓的复辟叙事就更加有板有眼甚至发动在即，李亨又怎能不寝食难安，借助李辅国行祸起萧墙之事？

这很可能就是此次逼宫事件的根源所在。毕竟，就在乾元元年，尽管李亨将李隆基定下的纪年的"载"改回了"年"，但他和李隆基的互动仍算得上亲密，李隆基游幸华清宫时，李亨两次迎送于灞上，还亲自给上皇牵马。

在李隆基生命的最后两年中，或许是李亨多少心中有愧，又或许是形同软禁的李隆基彻底丧失了政治威胁，李亨终于又寻回了一些亲情，试图在物质享受上补偿父亲，"四方所献珍异，先荐上皇"。然而，李隆基已是万念俱灰，先是断了荤腥，只进素食，后来干脆宣布"辟谷"，身体每况愈下。所谓辟谷，某种程度上难道不就是哀莫大于心死的李隆基通过绝食在主动求死吗，哪怕是缓慢的？

据说李亨一开始跑太极宫还跑得很勤，但没过多久，李亨自己也病倒了，父子俩从此连见上一面都成了奢望。

此刻，孙子李豫或许是李隆基病中的最大慰藉，"太子往来侍疾，躬尝药膳，衣不解带者久之"。李豫就是之前的广平王李俶，乾元元年被立为皇太子时改名，但李隆基叫他的小名"大收"。

可能就是在生命的最后时刻，权力之争变得愈加虚无缥缈，回首父子往事，李亨生出了几分悔意。按照《资治通鉴》的说法，"上稍悔寤，恶辅国，欲诛之，畏其握兵，竟犹豫不能决"。考虑到唐代宗李豫即位后派人暗杀了李辅国，说李亨忌惮李辅国可能也没说错。当然，这也可以部分视作司马光为了维护李亨孝道叙事的最后一次努力。

《全唐诗》收了李隆基一首诗，据说是他在最后岁月中常轻吟的：

刻木牵丝作老翁，鸡皮鹤发与真同。

须臾弄罢寂无事，还似人生一梦中。

——《傀儡吟》

这首诗未必出自李隆基之手，作者很可能另有其人，甚至有说法是李白所作，但相对确定的是，如《唐诗纪事》所说，"明皇为李辅国迁于西内，曾咏此诗"，而且是在凄然自嘲的心境中反复吟诵。

宝应元年（762）四月初五，唐玄宗李隆基在孤寂中郁郁而终，终年七十八岁。

不知李隆基临终那一刻，眼前出现的是二十二年前的骊山，杨玉环与他初次幽会时，寿王妃深情款款迎面走来；又或者是六年前的马嵬驿，"君王掩面救不得，回看血泪相和流"。

《杨太真外传》也浪漫玄幻地写到了这一刻。李隆基吹起了紫玉笛，笛声悠扬中，一对仙鹤翩翩飞来，又徘徊而去。李隆基对侍女说，他很快就要上天和贵妃相会了，说完就沐浴更衣，沉沉睡去，再也没有醒来，而紫玉笛则被他送给孙子李豫留念。

就在李隆基驾崩前一个月，被流放巫州的高力士遇大赦归。返京路上碰到流放之人谈及长安事，知李隆基已经驾崩，"力士北望号恸，呕血而卒"，终年七十九岁。

在巫州时，高力士看到当地盛产荠菜却无人食用，"因感伤而咏之"：

> 两京作斤卖，五溪无人采。
> 夷夏虽有殊，气味终不改。
>
> ——《感巫州荠菜》

弃长安

这个"气味终不改"的荠菜就是他高力士啊。

有忠仆如此，李隆基亦复何伤。高力士墓也成了李隆基泰陵的唯一随葬之墓。

玄宗李隆基去世后十三天（宝应元年四月十八），肃宗李亨驾崩于大明宫，终年五十二岁。这可能也不是巧合，据说病中的李亨知道上皇驾崩后，"不胜哀悼"，"疾转剧"。

代宗李豫即位第二个月，即为叔叔永王李璘"昭雪"，以孝道的名义重新梳理皇爷爷与父皇之间存在的政治遗留争议，以求引领大唐跳出皇室内争的政治叙事。这样的政治大和解结局，李隆基、李亨父子当瞑目矣。

岁月骛过，山陵浸远，孤心凄怆，如何如何！

二

克复两京没多久，李亨就又得到了一个来自范阳的天大喜讯。

至德二载（757）十二月二十二日，史思明的使者从范阳抵达长安，向李亨献上降表：河北十三郡和八万大军，即日起归顺朝廷。

李亨大喜，封史思明为归义王、范阳节度使，并将他的七个儿子全部封为高官。李亨给了史思明一项任务：配合朝廷大军讨伐安庆绪。

说起来，史思明的反正，除了唐军的军事压力之外，安庆绪亦有贡献。安庆绪派阿史那承庆和安守忠率军五千赶赴河北，名为征兵，实则是猜忌、防范史思明。有亲信顺势献计史思明："如今唐室再造，安庆绪不过是树叶上的一颗露珠，转瞬即逝，将军又何苦为他陪葬呢？"

于是史思明一不做二不休，索性吞掉了安庆绪的五千人，而后宣布易帜。

史思明降唐有可能只是权宜之计。在李光弼的劝说下，李亨决定派人到范阳秘密除掉史思明，谁料谋划败露过早，反而逼得史思明于乾元元年（758）六月再举反旗。只能说，如果李亨君臣能够再耐心一点儿，等到剿灭安庆绪集团之后再着手解决史思明问题，势必会更从容些，也就不会触发之后战局的惊天逆转。

史思明的降而复叛，起初也没有得到李亨君臣的足够重视，他们的战略重心都在大燕皇帝安庆绪身上。弃守洛阳后，安庆绪率千余残军逃奔邺城，元气渐而恢复，占据着七郡六十余城。安庆绪将兵权尽付崔乾祐，委任他为天下兵马使，但崔乾祐虽是完败哥舒翰的名将，却"愎戾好杀，士卒不附"，并非帅才。

乾元元年九月二十一日，李亨下诏令朔方节度使郭子仪、河东节度使李光弼、安西北庭节度使李嗣业等九大节度使出兵攻打邺城，共集步、骑兵二十余万人，掀开了邺城之战的序幕。

李亨可能认为此战必胜，便又开始摆弄互相制衡的帝王权术，以"子仪、光弼皆元勋，难相统属"为由，并没有为二十余万大军设置一个总领兵权的元帅，而是任命宦官鱼朝恩为"观军容宣慰处置使"。这是一个李亨设立的全新职位，相当于天子特使，权力比边令诚担任过的监军还要大，权限几乎等同于元帅，可让一个宦官承担元帅的角色，真的不会有问题吗？

唐军渡过黄河后，连克获嘉（今河南省新乡市获嘉县）和卫州（今河南省新乡市卫辉市），击败了安庆绪亲率的七万大军，安庆绪仓皇逃往邺城，陷入了二十余万唐军的重围。

安庆绪自忖无力与唐军相持，便遣使向史思明求救，并声称愿意让出大燕皇位。史思明虽与安庆绪龃龉不断，但无论是出于唇亡齿寒，还是帝位的诱惑，他亲统十三万大军从范阳南下；基于畏惧唐军、保存实力及等待战机的多重考虑，大军主力按兵不动于离邺城有段距离的魏州（今河北省邯郸市大名县）。

乾元二年（759）正月，李光弼担心围攻邺城时腹背受敌，便向鱼朝恩提议：分兵北上，防范史思明的主力，"彼惩嘉山之败，必不敢轻出"，为大军攻取邺城赢得时间窗口。鱼朝恩拒绝了李光弼的作战方案，李亨设立"观军容宣慰处置使"的恶果此刻开始集中显现。

从乾元元年十月到次年二月，唐军攻邺城四个月不克，用了水攻之策仍破城无望。趁唐军师老兵疲时，史思明率领大军进至距离邺城五十里处扎营，又是袭扰战，又是劫粮，"诸军乏食，人思自溃"。在此期间，香积寺之战的头号功臣李嗣业攻城时死于冷箭之下，"如墙而进，人马俱碎"的陌刀传奇几成绝响。

时至乾元二年三月，史思明感觉决战的时机已经成熟，终于率军进抵邺城城下。三月初六，邺城大战爆发。此战史思明军只有五万，而唐军人数据称有六十万之多——人数多少有水分，但很显然，李亨是打算毕其功于一役了。

邺城之战的特殊性在于，唐军并没有直接败于史思明之手，更接近于一哄而散，准确说是，开战后没多久，大风忽起，天昏地暗，两军都被吓得各自溃散，"官军溃而南，贼溃而北"。

但就唐军攻取邺城这个战略目的而言，唐军更算是邺城之战的落败方，以六十万人的大溃退草草收场。细究个中原因，除了天气因素之外，恐怕还是要归咎于"观军容宣慰处置使"的设立，由此导致唐军作战时各自为战，群龙无首，一乱便不可收拾。

在鱼朝恩的卸责与构陷下，郭子仪成了邺城之败的替罪羊，被李亨猝然从洛阳前线召回长安，由李光弼接任朔方节度使之职。"吾之家国，由卿再造"，李亨收复两京时对郭子仪的感激之言犹在，但凉薄本就是君王本色。

乾元二年三四月间，史思明以替安禄山报仇为由设计杀掉了安庆绪，自立为大燕皇帝，改范阳为燕京，这也是历史上北京第一次正式使用燕京这个名称。和安庆绪一起被杀的，还有他的四个弟弟，以及高尚、孙孝哲、崔乾祐这些跟随安禄山起兵的股肱之臣。

邺城之战半年后，也就是乾元二年十月，史思明发兵南征，兵不血刃地拿下了空城洛阳，严重打击了李亨朝廷的政治威望。身在洛阳的太子妃沈氏再度陷于城中，从此下落不明，生死未卜；李唐皇室苦苦寻访了四十六年，一直到805年，沈氏曾孙唐宪宗李纯即位，才最终认定沈氏已死，为其发丧。

洛阳失陷后，安史之乱不仅时间过半，也结束了"高光时刻"，进入了冗长的"垃圾时间"。再也没有哥舒翰失潼关、马嵬驿之变、灵武称帝、睢阳之围、克复两京这样牵挂人心的大事件，这一时期的史料读之甚至使人昏昏欲睡，唯一让人记住的可能只有史思明、史朝义父子的两次非意外死亡了。

上元二年（761）三月十三日晚，史朝义在鹿桥驿（今河南省洛阳市洛宁县东北）发动兵变，囚禁了逃跑未成的史思明。次日，史思明被史朝义的部将勒死，用毡毯裹尸，由骆驼运回洛阳，终年五十九岁。史思明被杀前一个月，刚刚在邙山之战的正面对决中击败了克星李光弼，雪耻未久，便遭横祸。

史朝义与安庆绪弑父的原因几乎一样，那就是作为长子，不被父皇器重，眼见幼弟立储在即，遂铤而走险。

宝应元年（762）十月底，唐军在仆固怀恩的率领下于洛阳北郊大败史朝义军，第二次收复洛阳，唐军这次依然得到了回纥骑兵的助战。

宝应二年（763）正月，史朝义和他的大燕朝都已进入了最后时刻。睢阳节度使田承嗣、邺郡节度使薛嵩、恒阳节度使张忠志、燕京留守李怀仙等纷纷降唐，众叛亲离的史朝义最后走投无路，在一片树林中自缢而亡。正月三十日，史朝义被传首京师。

相比安禄山、安庆绪和史思明这三位死于宫廷政变的大燕皇帝，自缢的末代皇帝史朝义已经算是死得最体面的一个了。

随着史朝义身亡，历时七年又两个月的安史之乱终告结束。

唐军征讨史朝义的平叛最后一战如此顺遂，很可能是因为仆固怀恩采用了一种新战略：将打击目标缩小到史朝义一人身上，穷追不舍，但对田承嗣和李怀仙这些河北地方实力派采取绥靖政策，只要名义上归顺朝廷，不再公开与长安政权作对，就一概保留他们的既得地盘和军队，于是唐军所至，争先迎降。[1]

为笼络河北安史旧部，张忠志（后被赐名李宝臣）、薛嵩、田承嗣和李怀仙这四人又都被封为节度使，河北遂成长安政令不通之地，藩镇之祸滥觞于此。

《资治通鉴》说重建河北藩镇是仆固怀恩"恐贼平宠衰"，即所谓的养寇自重；《新唐书·藩镇传》说是"君臣皆幸安"，即所谓的养痈遗患。仆固怀恩和唐代宗李豫或许都要负上各自的责任，然而，

---

[1] 参见黄永年《六至九世纪中国政治史》，上海书店出版社，2004年7月第一版，343页。

更根本的原因可能正如黄永年先生所说，"这是当时河北安史余党势力尚强大下不得不采用的一种策略，舍此更无妥善的办法"[①]。

而安史余党势力为何难以削弱，当年李泌"直捣范阳覆其巢穴"的献策言犹在耳，还不是因为李亨急于光复长安、巩固帝位，才为后世子孙招致今时今日的尴尬，不知伊于胡底。

在李宝臣、田承嗣和李怀仙这三人的运筹下，成德、魏博和范阳日后成为威震中晚唐的"河朔三镇"，即《新唐书·藩镇传》中所谓"一寇死，一贼生，讫唐亡百余年，卒不为王土"，也即陈寅恪先生所说，"安禄山之霸业虽不成，然其部将始终割据河朔，与中央政府抗衡，唐室亦从此不振，以至覆亡"[②]。

三

上元二年（761）春，时任尚书右丞的王维向李亨上《责躬荐弟表》，请求削去自己的全部官职，放归田园，换取弟弟王缙得以从蜀中还长安。

三年多前，正是王缙请求"削己官位以赎兄罪"，助有变节陷

[①] 参见黄永年《六至九世纪中国政治史》，上海书店出版社，2004年7月第一版，344页。

[②] 参见陈寅恪《唐代政治史述论稿》，译林出版社，2020年3月第一版，213页。

伪史的哥哥王维逃过一劫。这次，轮到哥哥请求削官换弟了。

当年的苟且偷生成为王维晚年一再闪回的梦魇，在短短的《责躬荐弟表》中，他就自我拷问了两遍："顷又没于逆贼，不能杀身，负国偷生，以至今日……臣即陷在贼中，苟且延命"。

上表数月后，也就是上元二年七月，王维去世，终年六十一岁。有一种说法是，王维死于懊悔与自责，或至少促其早亡。

临终前，他仍在写信辞别王缙等平生亲故，"停笔而化"，葬于辋川以西，这里"当待春中，草木蔓发，春山可望"。

王缙此时正走在回长安的路上。王维去世时，王缙已至凤翔，但他终究没有见到哥哥最后一面。两年后，王缙将他编选的《王维集》进献给唐代宗，之后还成为大唐宰相。

宝应元年（762）冬，与王维同龄的李白正在当涂养病，他的族叔李阳冰在这儿当县令。三年前，因永王案被流放夜郎的李白至白帝城遇赦，立即返舟东下江陵，途中快船快意地写下了《早发白帝城》。

上元二年（761）春天，李白一路将宗夫人护送至庐山修道，寻找她的师父李腾空，写下《送内寻庐山女道士李腾空二首》。但李白并没有跟着上山修行，他与宗夫人很可能就在此时做了"情投意合的最后诀别"[①]。

[①] 参见郭沫若《李白与杜甫》，人民文学出版社，2019年10月第一版，49—50页。

宗夫人醉心隐逸,李白暮年壮心不已。送别宗夫人后没多久,六十一岁的李白听说李光弼出镇临淮,便又动了从军之念,投军途中,因病半道而还金陵。李白在诗中自比鲁仲连、李左车和剧孟等古代名将豪杰,欲以从军一雪永王案之耻:"愿雪会稽耻,将期报恩荣。半道谢病还,无因东南征。亚夫未见顾,剧孟阻先行。天夺壮士心,长吁别吴京。"

一出长安、二出长安、附逆永王……这么多的困蹙悲泣,都无法湮灭李白的用世之心。

日暮途穷的李白只能去当涂投奔族叔李阳冰。宝应元年十一月,六十二岁的李白病重死于当涂,临终前"枕上授简",将一生诗作托付给李阳冰。李白还留下了绝笔诗,感叹自己这只大鹏鸟再也飞不起来了:

大鹏飞兮振八裔,中天摧兮力不济。
余风激兮万世,游扶桑兮挂左袂。
后人得之传此,仲尼亡兮谁为出涕。

——《临路歌》

关于李白之死,除了"病死说"之外,还有"醉死说"和"溺死说"。按照最浪漫的"溺死说",李白是大醉后跳入水中捉月而死。

李白去世后一年，一封朝廷诏书姗姗来迟：任命李白为左拾遗，即刻进京。对于一生都求仕无门，"大道如青天，我独不得出"的李白而言，这一迟来的官位或足以慰风尘。

乾元元年（758）六月，在房琯案中得罪了李亨的杜甫被贬华州（今陕西省渭南市华州区），杜甫此时可能还没意识到，他的政治生涯实际上已就此终结，从此再无机会重返长安。

杜甫的求仕之心未必就比李白淡泊，"致君尧舜上，再使风俗淳"是他一生的政治理想。杜甫在凤翔的从龙经历曾令他有机会接近这个终极目标，但仅过了一个多月，杜甫御前的仗义直言就毁掉了他的政治前途。对于杜甫而言，这既是求仁得仁，也是本真与仕途之间的二选一。杜甫做出了自己的抉择，让自己回到了仕途侘傺的既有人生路径，失意并非是杜甫的本意，但正直却是。

乾元二年（759）年底，弃官南下的杜甫一家抵达成都，在西郊盖了一所草堂。这一年，杜甫最大的成就是，在离乱中写下了定义安史之乱和他自己的"三吏""三别"。

在蜀地，杜甫重逢了来此赴任的高适。同样是旧友，高适之前拒绝营救李白，但对落魄的杜甫却是尽力照拂，"故人供禄米，邻舍与园蔬"（杜甫《酬高使君相赠》）。

上元二年（761）正月初七，高适给成都草堂寄去了一首诗，怀乡思友感时忧国：

弃长安

人日题诗寄草堂，遥怜故人思故乡。
柳条弄色不忍见，梅花满枝空断肠。
身在远藩无所预，心怀百忧复千虑。
今年人日空相忆，明年人日知何处。
一卧东山三十春，岂知书剑老风尘。
龙钟还忝二千石，愧尔东西南北人。

——《人日寄杜二拾遗》

杜甫当时并没有看到这首诗，大历五年（770）正月，他才在书卷中偶然发现，顿时"泪洒行间，读终篇末"，写下了血泪之作《追酬故高蜀州人日见寄》，以向秀思嵇康，宋玉思屈原，比己之思高适。此时，距离高适寄诗已过去了八年，而五年前，高适也已在"心怀百忧复千虑"中去世。

广德元年（763）春天，杜甫在蜀地听闻安史之乱平叛成功的消息，惊喜欲狂，"生平第一快诗"喷涌而出：

剑外忽传收蓟北，初闻涕泪满衣裳。
却看妻子愁何在，漫卷诗书喜欲狂。
白日放歌须纵酒，青春作伴好还乡。
即从巴峡穿巫峡，便下襄阳向洛阳。

——《闻官军收河南河北》

杜甫在巴蜀漂泊了八年多，他自况为"支离东北风尘际，漂泊西南天地间"。唐代宗大历三年（768）正月，杜甫全家离开夔州（今重庆市奉节县），出峡顺江东下，经江陵、公安、岳阳、潭州（今湖南省长沙市）和衡州，流离无定，有英雄失路之悲，"亲朋无一字，老病有孤舟"。

大历五年（770）冬，五十九岁的杜甫病逝于潭州行往岳阳的小舟中，有绝笔诗《风疾舟中伏枕书怀三十六韵奉呈湖南亲友》："故国悲寒望，群云惨岁阴……家事丹砂诀，无成涕作霖"。国事、家事缠绕牵拽在一块，虽絮语叨叨，但追思历历。

就杜甫之死，除了病死孤舟说之外，最流行的可能就是"醉死说"了。杜甫在耒阳时，因路遇洪水而至少五天没吃饭，县令亲自乘舟救下杜甫，用牛肉和"白酒"①招待他，杜甫大醉，"一夕而卒于耒阳"。看上去，杜甫更像是猝死于久饥之后饱食的消化不良。这种说法最早出自唐人笔记《明皇杂录》，后经《旧唐书》和《新唐书》传播，几成定论，但很可能与事实不符，杜甫或许在耒阳遭遇了被困无食，但并非死于如此戏剧化的场景之中。②

杜甫生命中的最后几年，魂梦所系之地仍然是长安。在气象

---

① 不是现代概念中的白酒，唐代白酒多指浊酒，酒度偏低，酒液浑浊。唐人常以酿酒原料为酒名，凡用白米酿制的米酒，就称之为白酒。

② 参见洪业《杜甫：中国最伟大的诗人》，上海古籍出版社，2020年5月第一版，310页。

万千的《秋兴八首》中,最忆是长安,"夔府孤城落日斜,每依北斗望京华""闻道长安似弈棋,百年世事不胜悲"。

长安是盛世怒放之都,是乱世离散之城,是唐王朝由盛转衰的猝不及防。

长安是念念不忘,是求之不得,是心底最深处的炽烈欲望,杜甫、李白、王维,至死也没有抵达他们梦想中的长安。

杜甫是最后一个殒命的盛唐诗人:王昌龄死于至德二载(757),王维化于上元二年(761),李白逝于宝应元年(762),储光羲没于宝应二年(763),高适亡于永泰元年(765),岑参约卒于大历四年(769),杜甫殒于大历五年(770)。

杜甫死后,文学史意义上的盛唐也就此完结了。

诗人、盛唐与长安,一起凋零,失落在唐诗与历史记忆之中。

在大时代的丕变中,帝王、宠妃、储君、宰相、边将、诗人、宦官、枭雄、叛将、贰臣……每个人都深陷于走不出的盛世困境,每个人都在寻路突围,每个人都付出了自己的代价。

每个人都回不到长安。

大事年表

开元二十四年（736）

十一月　张九龄罢相，李林甫接位，长达十六年的李林甫时代开启。

开元二十五年（737）

四月　太子李瑛被废。

开元二十六年（738）

六月　李玙被立为太子，后改名李亨。

开元二十八年（740）

十月　李隆基与杨玉环幽会于骊山，是为李杨情爱史之序幕。

天宝元年（742）

秋　李白二入长安，"供奉翰林，随时待诏"。

天宝三载（744）

正月　李隆基效法尧舜，改"年"为"载"。

春末　李白黯然离开长安。

夏　李杜相遇。

天宝四载（745）

八月　册封杨玉环为贵妃。

天宝五载（746）

正月　李林甫开始对李亨动手，酿成"天宝三大案"。

天宝十载（751）

七月　怛罗斯之战，高仙芝所率唐军惨败于大食军。

天宝十一载（752）

十一月二十四日　李林甫病逝，五天后，杨国忠拜为右相。

天宝十三载（754）

正月　安禄山最后一次入朝。

天宝十四载（755）

十一月初九　安禄山集合十五万大军，起兵于范阳。

十二月十二日　洛阳失陷，封常清败退陕郡。

十二月十八日　高仙芝、封常清被冤杀于潼关。

天宝十五载、至德元载（756）

正月初一　安禄山称帝，国号大燕，定都洛阳。

正月初八　常山陷落，太守颜杲卿被俘，数日后因怒斥安禄山被杀。

五月二十九日　郭子仪和李光弼在嘉山之战中大败史思明。

六月初八　哥舒翰近二十万大军惨败于灵宝西原，潼关次日失陷，哥舒翰被俘后乞命于安禄山。

六月十三日　李隆基弃长安。

六月十四日　马嵬驿之变，杨国忠被杀，杨玉环自缢。

七月十二日　李亨灵武称帝,改元"至德",尊李隆基为太上皇。

秋冬间　李泌赴灵武投奔李亨。

十一月　郭子仪和李光弼撤军后,河北全线沦亡。

十二月　永王李璘起兵于江陵,李亨部署平叛。

至德二载(757)

正月初五　安禄山死于政变,安庆绪即大燕皇帝位。

二月　永王败亡,李白南奔。

四月　杜甫冒险从长安逃至凤翔行在,被李亨授为左拾遗。

九月二十八日　唐军光复长安。

十月初九　睢阳苦守九个月后失陷,张巡、南霁云、雷万春等三十六人同日遇害。

十月十八日　唐军光复洛阳。

十月二十三日　李亨还都长安。

十二月初四　李隆基回銮长安。

十二月二十二日　史思明请降。

至德三载、乾元元年(758)

二月　李亨改元"乾元",并改"载"为"年"。

六月　史思明复叛。

乾元二年(759)

三月初六　史思明在邺城大战中击败六十万唐军。

四月　史思明设计杀掉安庆绪,自立为大燕皇帝。

上元元年（760）

七月　李隆基被迫迁至太极宫。

上元二年（761）

三月　史朝义发动兵变，杀死史思明，自立为帝。

七月　王维去世，终年六十一岁。

宝应元年（762）

四月初五　李隆基郁郁而终，终年七十八岁。

四月十八　李亨驾崩于大明宫，终年五十二岁，太子李豫即位，是为唐代宗。

十月底　仆固怀恩率唐军二次收复洛阳。

十一月　李白病逝于当涂，终年六十二岁。

宝应二年（763）

正月　史朝义兵败自缢，历时七年又两个月的安史之乱结束。

大历五年（770）

冬　杜甫病死孤舟，终年五十九岁。

后　记

在动笔写这本书之前，就先有了"弃长安"这个书名。

我不想写一本安史之乱的简史，这不仅超越了我的学力，并且瞬间让我没有了写作激情，用所谓诙谐的现代语言复述历史并不是我的兴趣点。

我的写作激情是什么？

大概，是大唐盛世在天宝十四载的轰然倾圮，是长安这座世界之都在渔阳鼙鼓声中的脆弱与窘迫无计，是李隆基君臣从自负颟顸到仓皇辞庙的骤然切换，是李林甫和杨国忠这两位宰相的逢君之恶，是杨玉环的"明眸皓齿今何在"，是太子李亨的隐忍与浮夸表演，是安禄山的胡旋舞与曳落河，是血色残阳中的张睢阳齿与颜常山舌，是李白、杜甫、王维等人的盛世求不得与乱世离散……

对，是一群人，是这群经历了从盛世到乱世转换的非常之人，从他们身上可以同时解释"盛世何以出现"与"变乱何以爆发"这两个问题。

在从盛世到乱世的猝不及防中，他们面临着各自的困境，有着不同的突围与选择。就连成功的反叛者安禄山也有着自己的困境：信任自己的盛世君主老了，政敌杨国忠在邀宠之战中占得了上风。安禄山的人生突围是起兵，他赌对了，在洛阳抵达了人生巅峰，当上了大燕皇帝，但他也赌错了，称帝仅一年，就腹破肠流地暴毙于儿子安庆绪与近臣策划的宫廷政变中。

我尽力克制对这群人的浓烈情感。没错，我对张巡与颜杲卿这样的人有着忍不住的关怀，对李林甫与杨国忠之流抱持天然的恶感。我会诚实地面对自己的好恶，但同样重要的是，每个历史写作者理应克制自己单向度道德批判的冲动。对，是克制，不是隐匿立场与判断：张巡对面可以站着并非兽性的敌人，李隆基身边更可以隐藏着雄才大略的颠覆者。伟大的司马光诚然爱憎分明，但他并不需要我们这些后人像他一样。

我本想给这本书取一个超长的副题"天子、储君、宰相、宠妃、边将和诗人的最后盛世"，一次性致敬本书中出现的大多数人物，但自知过长，又有效法李隆基君臣好大喜功之嫌，便主动放弃了。

读安史之乱这段历史，你会始终被世间好物不坚牢的晦暗情绪所笼罩：当长安城的贵胄与小民们"斗鸡走犬过一生，天地安危两不知"时，乱世的鼙鼓声已在几千公里外敲响。

这几年有一个物理学概念流行于公众舆论：熵。大约的意思就是说，无序才是这个世界的常态。但人之所以为人，我们自然希冀这个世界是有序运行的。

同时，因为熵，我们才更明白，有序对人类社会是如何的奢侈与幸运，远不是什么"理所当然"，我们应当像李隆基呵护杨贵妃一样呵护有序。

我幼稚地想，当李隆基君臣沉迷于开元盛世的巅峰之时，他们如果知道"熵"的存在多好，或许就不会放任那么多荒诞与野心横流。

这本书献给我的女儿栖约，愿她生活在有爱、有序的世界里。

主要参考书目

古籍：

旧唐书，［后晋］刘昫等撰，中华书局，1975年5月第一版

新唐书，［宋］欧阳修、宋祁撰，中华书局，1975年2月第一版

资治通鉴，［宋］司马光编著，中华书局，1956年6月第一版

开元天宝遗事·安禄山事迹，［五代］王仁裕、［唐］姚汝能撰，曾贻芬点校，中华书局，2006年3月第一版

明皇杂录·东观奏记，［唐］郑处诲、［唐］裴庭裕撰，田廷柱校点，中华书局，1994年9月第一版

唐诗纪事，［宋］计有功辑撰，上海古籍出版社，2013年8月第一版

近人论著：

隋唐史，岑仲勉著，商务印书馆，2015年7月第一版

隋唐五代史，王仲荦著，上海人民出版社，2016年12月第一版

隋唐五代史：世界帝国开明开放，王小甫著，中信出版社，2017年10月第一版

剑桥中国隋唐史：589-906年，［英］崔瑞德编，中国社会科学院历史研究所、西方汉学研究课题组译，中国社会科学出版社，1990年12月第一版

世界性的帝国：唐朝，［美］陆威仪著，张晓东、冯世明译，中信出版社，2016年10月第一版

绚烂的世界帝国：隋唐时代，［日］气贺泽保规著，石晓军译，广西师范大学出版社，2014年1月第一版

丝绸之路与唐帝国，［日］森安孝夫著，石晓军译，北京日报出版社，2020年3月第一版

隋唐制度渊源略论稿·唐代政治史述论稿，陈寅恪著，译林出版社，2020年3月第一版

元白诗笺证稿，陈寅恪著，译林出版社，2020年3月第一版

金明馆丛稿初编，陈寅恪著，译林出版社，2020年7月第一版

六至九世纪中国政治史，黄永年著，上海书店出版社，2004年7月第一版

文史存稿，黄永年著，三秦出版社，2004年1月第一版

唐代玄宗肃宗之际的中枢政局，任士英著，社会科学文献出版社，2003年12月第一版

长安与河北之间：中晚唐的政治与文化，仇鹿鸣著，北京师范大学出版社，2018年11月第一版

从胡地到戎墟：安史之乱与河北胡化问题研究，王炳文著，北京师范大学出版社，2020年12月第一版

唐玄宗传，许道勋、赵克尧著，人民出版社，2015年3月版

唐玄宗，阎守诚、吴宗国著，三秦出版社，1989年11月第一版

唐明皇，蒙曼著，新星出版社，2016年9月第一版

李林甫研究，丁俊著，凤凰出版社，2014年1月第一版

安禄山叛乱的背景，〔加〕蒲立本著，丁俊译，中西书局，2018年4月第一版

安禄山：皇帝宝座的觊觎者，〔日〕藤善真澄著，张恒怡译，中西书局，2017年2月第一版

杨贵妃，〔日〕井上靖著，林怀秋译，浙江文艺出版社，2018年7月第一版

丝绸之路：十二种唐朝人生，〔英〕魏泓著，王姝婧、莫嘉靖译，莫嘉靖校，四川人民出版社，2020年4月第一版

撒马尔罕的金桃：唐代舶来品研究，〔美〕薛爱华著，吴玉贵译，社会科学文献出版社，2016年4月第一版

唐、吐蕃、大食政治关系史，王小甫著，中国人民大学出版社，

2009年12月第一版

中古中国与粟特文明，荣新江著，生活·读书·新知三联书店，2014年8月第一版

丝绸之路与东西文化交流，荣新江著，北京大学出版社，2015年8月第一版

隋唐长安：性别、记忆及其他，荣新江著，复旦大学出版社，2010年9月第一版

唐代长安与西域文明，向达著，商务印书馆，2015年12月第一版

长安之春，[日]石田干之助著，钱婉约译，清华大学出版社，2015年9月第一版

长安的都市规划，[日]妹尾达彦著，高兵兵译，三秦出版社，2012年11月第一版

唐都长安，张永禄著，三秦出版社，2010年6月第一版

长安未远：唐代京畿的乡村社会，徐畅著，生活·读书·新知三联书店，2021年4月第一版

梦回唐朝，王南著，新星出版社，2018年9月第一版

未完成的中兴：中唐前期的长安政局，胡平著，商务印书馆，2018年5月第一版

汪篯汉唐史论稿，汪篯著，北京大学出版社，2016年12月第一版

唐代藩镇研究（增订版），张国刚著，中国人民大学出版社，2010年1月第一版

危机与重构：唐帝国及其地方诸侯，李碧妍著，北京师范大学出版社，2015年8月第一版

唐代前期军事史略论稿，王永兴著，昆仑出版社，2003年4月第一版

唐代朔方军研究：兼论唐廷与西北诸族的关系及其演变，李鸿宾著，吉林人民出版社，2000年4月第一版

唐代高层文官，赖瑞和著，中华书局，2017年8月第一版

传奇中的大唐，刘勃著，文化发展出版社，2018年10月第一版

中正之笔：颜真卿书法与宋代文人政治，［美］倪雅梅著，杨简茹译，江苏人民出版社，2018年10月第一版

盛唐诗，［美］宇文所安著，贾晋华译，生活·读书·新知三联书店，2014年3月第一版

唐诗小史，罗宗强著，中华书局，2019年7月第一版

唐诗综论，林庚著，商务印书馆，2011年11月第一版

唐诗选注，葛兆光著，中华书局，2018年10月第一版

莫砺锋讲唐诗课，莫砺锋著，江苏凤凰文艺出版社，2019年6月第一版

唐代科举与文学，傅璇琮著，中华书局，2020年6月第一版

通天之路：李白传，［美］哈金著，汤秋妍译，北京十月文艺出版社，2020年2月第一版

李白传，安旗著，人民文学出版社，2019年5月第一版

道教徒的诗人李白及其痛苦，李长之著，生活·读书·新知三联书店，2013年9月第一版

李白评传，周勋初著，南京大学出版社，2005年4月第一版

诗仙李白之谜，周勋初著，凤凰出版社，2021年6月第一版

李白与杜甫，郭沫若著，中国长安出版社，2019年10月第一版

杜甫：中国最伟大的诗人，洪业著，曾祥波译，上海古籍出版社，2020年5月第一版

杜甫评传，莫砺锋著，南京大学出版社，1993年10月第一版

杜甫传，冯至著，人民文学出版社，1952年11月第一版

春山：王维的盛唐与寂灭，何大草著，北京联合出版公司，2020年6月第一版

诗人十四个，黄晓丹著，北京联合出版公司，2019年7月第一版

旧史舆地文录，辛德勇著，中华书局，2013年4月第一版

胡天汉月映西洋：丝路沧桑三千年，张国刚著，生活·读书·新知三联书店，2019年2月第一版

图书在版编目（CIP）数据

弃长安 / 张明扬著 . — 成都：天地出版社，2022.1（2025.3 重印）
ISBN 978-7-5455-6606-2

Ⅰ.①弃⋯　Ⅱ.①张⋯　Ⅲ.①安史之乱—通俗读物　Ⅳ.①K242.205.09

中国版本图书馆CIP数据核字（2021）第201842号

QI CHANG'AN
弃长安

出 品 人	陈小雨　杨　政
作　　者	张明扬
责任编辑	魏姗姗
封面设计	东合社
责任印制	王学锋

出版发行	天地出版社
	（成都市锦江区三色路238号　邮政编码：610023）
	（北京市方庄芳群园3区3号　邮政编码：100078）
网　　址	http://www.tiandiph.com
电子邮箱	tianditg@163.com
经　　销	新华文轩出版传媒股份有限公司

印　　刷	北京文昌阁彩色印刷有限责任公司
版　　次	2022年1月第1版
印　　次	2025年3月第23次印刷
开　　本	880mm×1230mm 1/32
印　　张	10
字　　数	182千字
定　　价	68.00元
书　　号	ISBN 978-7-5455-6606-2

版权所有◆违者必究

咨询电话：(028) 86361282（总编室）
购书热线：(010) 67693207（营销中心）

如有印装错误，请与本社联系调换

天喜文化策划出品

多维度描绘安史之乱局中人群像

讲述"盛世何以崩陷"和"变乱何以爆发"

《弃长安》同名有声书

喜马拉雅独家上线，欢迎收听！

主播介绍

昂哥，优秀旁白、配音员、配音导演，毕业于中国传媒大学，普通话一甲。

播讲作品近百部，演播经验丰富。代表作有《龙图案卷集》《大奉打更人》《青木川》《梦罪者》等，其中《龙图案卷集》播放量已破1亿，粉丝认可度高。

曾任省级广播电台新闻主播、某区级广播频率执行总监，多次获得省市级播音主持奖一等奖，演播节目曾上榜全国十佳；作品《留住抗战老兵的声音》曾入围中国新闻奖。

欢迎收听更多精彩音频

《穿越非洲两百年》
一部有温度的非洲现代史

《西迁东还》
民国大人物的历史风云

《张宏杰讲曾国藩家书》
读懂中国式处世智慧

从声音到文字，少数人讲语事

天喜文化